基礎がため
一生モノの
英文法
BASIC

ゼロから学べて入門コースに
確実に乗るための最短ルート

澤井康佑
Kohsuke Sawai

▶ 音声のダウンロード方法

付属の MP3 CD-ROM と同じ音声を、ホームページよりパソコンでダウンロードできます(スマートフォン、タブレットではダウンロードできません)。

1 「ベレ出版」ホームページ内、『基礎がため 一生モノの英文法 BASIC』の詳細ページにある「音声ダウンロード」ボタンをクリック。
  (URL は http://www.beret.co.jp/books/detail/604)
2 8ケタのコードを入力してダウンロード。
  ダウンロードコード JkXkT08Q

なお、附属の MP3 CD-ROM の再生方法については p.247 をご覧ください。

はしがき

　この本は、小学生・中学生で、「はじめて英語の参考書に挑戦する」という生徒さん、あるいは高校生以上で、「普通の入門書では難しい。もう一度ゼロから確実に再スタートをしたい」という方のためのものです。

　いちばんの初歩から英語学習をスタートさせ、本書を最後まで読み切れば、英語の知識の土台の部分がしっかりと固まり、希望をもって次の初級向けの文法書に進んでいくことができます。

　この本を執筆する際に気をつけたことがいくつかあります。

　そのうちの1つは「内容を盛り込みすぎない」ということです。いきなりあれもこれもやろうとすると挫折します。たとえ厚い本でなくても、1冊読み通せば「自分にも勉強の本が読み切れるんだ！」という自信がつきます。そして「次の段階にステップアップしていきたい！」という意欲が生まれます。よって、本書では内容を絞り込み、確実に読み切ることができるように作りました。

　そしてこの本には、各項目の最初にイラストがあり、文が用いられる場面を目で確認できるので、納得しながら読み進めることができます。また、音声でナビゲーターが徹底的にサポートして、最後までしっかりと導きますので、無理なく読み切ることができます。

　ぜひ最後まで一緒にがんばりましょう。

澤井　康佑

目次

はしがき……3

| STEP 1 | この本の内容と目標を知ろう | 7 |

| STEP 2 | 英単語の使い方の基礎を知ろう | 15 |

第1章　小文字と大文字の使い分け方……16
第2章　最も大切な3つの品詞（名詞、動詞、形容詞）……18
第3章　名詞の使い方……20
第4章　動詞の使い方……32

| STEP 3 | 英文の組み立ての規則を知ろう | 35 |

第5章　英文の組み立てに関する特に大切な規則……36
第6章　パンダが跳ねた！── **第1文型**……39
第7章　ぼくは君の息子だよ。── **第2文型**……45
第8章　私がこの人形を作ったの。── **第3文型**……50
第9章　君にプレゼントを持ってきたよ。── **第4文型**……54
第10章　私はこのカナリアをピッコロと名づけたの。── **第5文型**……58
第11章　長いおてがみを書いたよ。── **修飾語**……66
第12章　私は毎日このお花に水をやるの。── **英単語の大きな特徴**……73
第13章　ぼくはこの森に住んでるんだ。── **前置詞**……81

第14章　ぼくはここだよ！── **be動詞のもう1つの意味**……91

第15章　ハチに刺された。── **受動態**……95

第16章　今、野球の試合を観ているんだ。── **進行形**……105

第17章　ぼくは車が運転できるんだよ。
　　　── **述語にwill／can／may／must／should
　　　　　が加わった文**……111

第18章　この街には1週間滞在する予定です。
　　　── **まとまりの助動詞be going to**……118

第19章　あなたは女優さんですか。
　　　── **yes-no疑問文**……122

第20章　誰がこの絵を描いたんだ？
　　　── **who／what／whichを用いた疑問文①**……132

第21章　君は何者だ？
　　　── **who／what／whichを用いた疑問文②**……137

第22章　彼は何を作っているの？
　　　── **who／what／whichを用いた疑問文③**……142

第23章　これは誰の帽子だ？
　　　── **whose／what／whichを用いた疑問文**……148

第24章　きみはどこでこのモグラを捕まえたの？
　　　── **where／when／why／howを用いた疑問文**……154

第25章　あのビルはどれくらい高いの？
　　　── **howを用いて作るもう1つの疑問文**……160

第26章　お箸を使いなさい！
　　　── **命令文**……163

第27章　何も見えないよ。
　　　── **否定文①（平叙文の否定文）**……167

第28章　テーブルの上で踊っちゃだめです！
　　　　── **否定文②（命令文の否定文）**……173

第29章　バッタとコオロギを捕まえたよ。
　　　　── **語と語、句と句、文と文を結ぶand／but／or**……175

第30章　プールで泳いでいた時にこのコインを見つけたんだ。
　　　　── **文をまとめる**
　　　　　　if／when／after／before／because……180

第31章　私は皆さんの未来が明るいと信じています。
　　　　── **文をまとめるthat**……187

第32章　これは私が作った俳句です。
　　　　── **関係代名詞**……191

第33章　ステージの上で歌っている男はタケちゃんだ。
　　　　── **ing形の動詞による名詞修飾**……207

第34章　ぼくの唯一の楽しみは紙を食べることなのだ。
　　　　── **動名詞**……211

第35章　拙者を倒すことは不可能でござる。
　　　　── **to不定詞（名詞的用法）**……215

第36章　ぼくは君を救うためにここにやって来た。
　　　　── **to不定詞（副詞的用法）**……220

第37章　この本を読む時間が欲しいなぁ。
　　　　── **to不定詞（形容詞的用法）**……223

第38章　雪が降ってる！
　　　　── **itの用法**……226

第39章　**不規則変化動詞**……232

| STEP 4 | これからの課題を知ろう | 243 |

STEP 1

この本の内容と目標を知ろう

▶ 本書の内容について

この本の主な内容は、次の3つです。

① 英単語の使い方の基礎を知る。
② 英文の型の基礎を知る。
③ 最も基礎的な英文法の知識を得る。

とにかく、基礎の基礎を徹底的に固めます。

ただ、上の3つの内容だけでは、読み切ったとしても大きな手ごたえは感じられにくいものです。たとえゼロから学ぶ本だとしても、いくつかは重みのある内容に挑戦し、これを攻略して、

「乗り越えた！」
「マスターした！」

という達成感を味わいましょう。このような喜びは必ず、いっそうの学習意欲につながります。

「もっとがんばろう！」
「より上のレベルに挑戦したい！」

という気持ちになるのです。

よって本書には、次の3つの内容も盛り込みました。

④ 「関係代名詞」を、日本語の知識を元に詳しく解説する。
⑤ 「疑問文」を、丁寧に分類しながら解説する。
⑥ 章ごとに形式の異なる、バラエティー豊かな「練習問題」をつける（ただし量は多すぎないようにする）。

それぞれについて説明します。
　まず④ですが、英語には「関係代名詞」というものがあります。これは、ほとんどの人が中学校ではじめて習うものなのですが、ここで英語につまずく人がとても多い項目です。
　よって本書では、日本語の知識を有効に活用しながら、誰にでもわかるように関係代名詞を説明します。ふだん、自由自在に使いこなしている日本語の知識を元にした説明なので、確実に理解できます。そして理解すれば、

「多くの人が苦手とする関係代名詞の基礎を、自分はマスターしたんだ！」

という大きな喜びが得られます。
　関係代名詞と同じように、「疑問文」も苦手とする人が多い項目です。

「"誰"ということを尋ねたい場合はwhoを用いる」
「"何"ということを尋ねたい場合はwhatを用いる」

というようなことは知っていても、疑問文を上手に作り出せる人は、実は少ないのです。
　この本では、丁寧に分類しながら1つ1つの疑問文を確実にマスターします。これが⑤です。ここでもやはり、攻略した時に、大きな満足感を得ることができます。
　次に⑥ですが、初級レベルにいる人は、不安を抱えながら学習を進めている場合が多いものです。よって、少しずつでも自信をつけていきたいですよね。そのためにこの本では、それぞれの章の最後に、練習問題を設けました。繰り返せばきっとこれらの問題はきちんと解けるようになるのですが、解けるようになると、

「自分にも英文が組み立てられるんだ！」

「自分も英語が書けるし、これを口に出せば話せるんだ！」

ということが実感できます。たとえ初歩レベルの文であっても、自分で英文が作り出せると、とても嬉しいものです。

　ところで小説やエッセイなどとは違い、勉強の本というのは、どうしても挫折してしまいがちです。英語の参考書も、最後まで読んだという経験のある人は実は少ないものです。よって本書は「挫折しない参考書」にするために、いくつかの工夫をしました。それぞれについて説明しましょう。

　まず、この本のメインの部分であるSTEP3では、各章の冒頭にイラストを置くことにより、その章で扱う文がどのような場面で用いられるものかを、目で見てわかるようにしました。

　また、まだ扱っていない内容が例文の中に登場しないようにも工夫しました。よって、「話が前後して頭が混乱する」ということはありませんから安心してください。

▶ナビゲーション音声(CD)について

　さらに、ナビゲーションの音声もつけました。ナビゲーターが一歩一歩皆さんを導きますので、必ず最後までたどりつくことができます。

　このナビゲーションについて説明します。このナビを利用して読み進めると、本書は23のパートに区切られます（それぞれのパートは「第1講」「第2講」「第3講」……と呼びます）。そしてナビゲーターとともに、予習と復習を繰り返しながら、きっと最後まで読み切ることができます。

　具体的には次のように読み進めます。

> (1) これから読むパートの内容を音声で聴く(予習)。
> 　　　　↓
> (2) 自力でそのパートを読み、練習問題を解く。
> 　　　　↓
> (3) 音声の解説を受ける(復習)。
> 　　　　↓
> 　　この作業を23回繰り返せば、最後まで読み終わる。

　23のパートに分けるので、およそ250ページの本が「23冊の小冊子」になります。小冊子ならきっと読み切れるのではないでしょうか。

　また(1)の作業によって、どんなことを学ぶのかを知ったうえで読むので、(2)の作業が楽になります。そして(3)の作業があるので、大切な部分を読み落としてしまうこともありません。

　さらに、この23の区切りは、読み進める際のペースメーカーにもなります。

「1日に1パートを読もう」

「土曜日は2パート読もう」

「日曜日はがんばって3つ進んでみよう」

というように、1日に読む量を、パートを基準にして決めることができます。1日に1つ進んだ場合は、3週間と2日で読み切れます。毎日2つ進めば2週間弱です。3パートの場合は、ほぼ1週間で読み終わります。

　なお(3)の後ろには、ネイティブスピーカーによる例文の朗読があります（**CD**マークがついた囲みの中の文を読み上げます）。本書では、この部分の英文を「基本英文」と呼ぶことにします。

以下に、各パートの区切りと、CDのトラックナンバーを示します。

第 **1** 講（p.16〜31：第1・2・3章）
予習：2　復習：3

第 **2** 講（p.32〜38：第4・5章）
予習：4　復習：5

第 **3** 講（p.39〜49：第6・7章）
予習：6　復習：7　例文朗読：8

第 **4** 講（p.50〜57：第8・9章）
予習：9　復習：10　例文朗読：11

第 **5** 講（p.58〜65：第10章）
予習：12　復習：13　例文朗読：14

第 **6** 講（p.66〜80：第11・12章）
予習：15　復習：16　例文朗読：17

第 **7** 講（p.81〜90：第13章）
予習：18　復習：19　例文朗読：20

第 **8** 講（p.91〜104：第14・15章）
予習：21　復習：22　例文朗読：23

第 **9** 講（p.105〜110：第16章）
予習：24　復習：25　例文朗読：26

第 **10** 講（p.111〜121：第17・18章）
予習：27　復習：28　例文朗読：29

第 **11** 講（p.122〜131：第19章）
予習：30　復習：31　例文朗読：32

第 **12** 講（p.132〜147：第20・21・22章）
予習：33　復習：34　例文朗読：35

第 **13** 講（p.148〜153：第23章）
予習：36　復習：37　例文朗読：38

第 **14** 講（p.154〜162：第24・25章）
予習：39　復習：40　例文朗読：41

第 **15** 講（p.163〜174：第26・27・28章）
予習：42　復習：43　例文朗読：44

第 **16** 講（p.175〜179：第29章）
予習：45　復習：46　例文朗読：47

第 **17** 講（p.180〜186：第30章）
予習：48　復習：49　例文朗読：50

第 **18** 講（p.187〜190：第31章）
予習：51　復習：52　例文朗読：53

第 **19** 講（p.191〜206：第32章）
予習：54　復習：55　例文朗読：56

第 **20** 講（p.207〜214：第33・34章）
予習：57　復習：58　例文朗読：59

第 **21** 講（p.215〜225：第35・36・37章）
予習：60　復習：61　例文朗読：62

第 **22** 講（p.226〜231：第38章）
予習：63　復習：64　例文朗読：65

第 **23** 講（p.232〜246：第39章、STEP4）
予習：66　復習：67　例文朗読：68

▶ 本書の目標について

　このナビを有効に使い、本書を皆さんにとって「最初に読み切った英語の本」にしてください。そして、

「自分にだって、勉強の本はちゃんと読み切れるんだ!!」

という大きな喜びを味わってください。本を1冊仕上げるというのは本当に嬉しいものです。そして必ず、とても大きな自信になります。

　この本をマスターすれば、無理なく次の段階に進むことができます。この「入門コースに確実に乗れるようにする」というのが本書の目標です。

　ぜひ、大きな希望をもってSTEP 2とSTEP 3の39章を読み進めてください。これらの章の1つ1つが、皆さんの力になっていきます。

　では、スタートです。

　各パートの最初の部分に、日付を書き込むチェック欄があります。読み始める前にここに日付を入れて、ぜひ、その日のうちにそのパートは読み切るようにしてください。
　ちなみに各章の冒頭にあるイラストは〈塗り絵〉としても楽しむことができます。各パートを読み終えたら、お茶やコーヒーなどをゆっくり飲みながら、あるいはお菓子などを食べながら、このイラストに色を塗って達成感を味わう！というように利用すれば、いっそう楽しくこの本とお付き合いいただけると思います。

STEP 2

英単語の使い方の基礎を知ろう

第1講スタート ・・・・・・・・・・・・・・・・・・・・・・・・・

CHAPTER 1 小文字と大文字の使い分け方

1 小文字と大文字

　日本語の「あ」も「ア」も、音にすると同じになります。同じ読み方なのに、ひらがなとカタカナという2種類の文字があります。

　これと同じようなペアが英語にもあります。英語のアルファベットには、「小文字」と「大文字」の2種類があるのです。それぞれを見てみましょう。

[小文字]

a, b, c, d, e, f, g, h, i, j, k, l, m, n, o, p,
q, r, s, t, u, v, w, x, y, z

[大文字]

A, B, C, D, E, F, G, H, I, J, K, L, M, N, O, P,
Q, R, S, T, U, V, W, X, Y, Z

これらを組み合わせて単語を作ります。

2 使い分け方

　私たちは、ひらがなとカタカナのどちらを多く使うでしょうか。

　ひらがなですよね。漢字以外の部分は、原則としてひらがなを使い、一

部のものだけを、カタカナで表記します。

英語では原則として小文字を用います。大文字を使うのは次の場合です。

① 文の先頭の語の、最初の文字。
② 人の名前や地名の最初の文字。名前の場合は、苗字(みょうじ)も下の名前も大文字で始める。
③ 「私」を意味するIは、文中のどの位置で用いる場合でも、大文字を使う。

それぞれを説明します。まずは①です。たとえば「彼女は美しい」という意味の英文は、sheという語と、isという語と、beautifulという語を並べて作るのですが、she is beautiful.という文は正しいものではありません。先頭にあるsheの、最初の文字を大文字にしてShe is beautiful.とします。

次は②です。「彼女はメグだ」という文を英語に訳すと、She is meg.ではなく、She is Meg.となります。「メグ」は人の名前なので、mではなく大文字のMを用いなくてはなりません。

次は③です。「ハロー、私がメグです」という文の英訳は、Hello, I am Meg.となります。Iは文の2番目にありますが、iとはしません。「私」を表す場合は、文の中のどこにあっても、大文字のIを用いるのです。

なお、英語の文末には「。」ではなく「.」を置きます。これは「ピリオド」と呼ばれます。

CHAPTER 2 最も大切な3つの品詞 ── 名詞、動詞、形容詞

1 名詞と動詞と形容詞

　英語がわかるようになるためには、まず、名詞、動詞、形容詞という3つの品詞（言葉のグループ）を知らなくてはなりません。なぜなら、最も基礎的な文は、この3つの品詞が組み合わさってできているからです。

2 名詞とは何か

　名詞とは、日本語でいえば「山」「水」「おじ」「社長」などのように、主に物や人を表す言葉です。上の4語は、英語ではmountain, water, uncle, presidentとなります。

3 動詞とは何か

　動詞とは、日本語でいえば「歩く」「泳ぐ」「飛ぶ」「開く」などのように、主に出来事を表す言葉です。上の4語は、英語ではwalk, swim, fly, openとなります。

　なお、動詞の中にはknow（知っている）やhave（持っている）のように、出来事ではなく、状態を表すものもあります。

❹ 形容詞とは何か

　形容詞とは、日本語でいえば「美しい」「忙しい」「冷たい」「柔らかい」などのように、主に状態や性質を表す言葉です。上の4語は、英語ではそれぞれbeautiful, busy, cool, softとなります。

　さて、先ほど述べた通り、最も基礎的な文はこの3つの品詞が組み合わさってできているのですが、実際に英文を見る前に、名詞と動詞についての予備知識を頭に入れる必要があります。それぞれを第3章と第4章で見ていきましょう。

CHAPTER 3 名詞の使い方

1 単数形と複数形

　英語の名詞の使い方は、日本語の名詞と比べて、少し面倒です。このことを説明します。まずは次の2つの文を見てください。

> (1) そのライオンは、シマウマにとびかかった。
> (2) シマウマが群れをなして走っている。

　(1) のシマウマは1頭です。(2) のシマウマは複数（2頭以上）です。このように数の違いがありますが、日本語では、名詞の数が1つでも、複数でも、名詞をそのままの形で用いることができます。1頭だからといって、いちいち「1頭のシマウマ」と表現する必要はありませんし、2頭以上だからといって、必ず「シマウマたち」などと言う必要はありません。
　ところが英語では、数の違いによって、名詞の使い方を変えなくてはならないのです。次のように使い分けます。

> ● 名詞が1つの場合 →「a 名詞」という形で用いる。
> ● 名詞が複数の場合 → 語尾に -s を加えて「名詞s」という形で用いる。

　「語尾」とは、「単語の終わりの部分」という意味です。
　そして「a 名詞」を単数形といい（a と名詞は離して書きます）、「名詞s」を

複数形といいます。

それぞれの具体例を見ましょう。

ship（船）→	a ship〈単数形〉	ships〈複数形〉
bird（鳥）→	a bird〈単数形〉	birds〈複数形〉
cat（ネコ）→	a cat〈単数形〉	cats〈複数形〉

shipを例にとって、単数形と複数形を絵で見てみましょう。

a ship　　　　　　　ships

❷ 単数形に関する「例外の規則」

単数形については、例外の規則を1つおぼえなくてはなりません。

単数形の「例外の規則」

名詞の先頭のアルファベットが母音（a, i, u, e, o）である場合は、aではなくanを用いる。

具体例を見ましょう。

apple(リンゴ)の単数形	→	an apple
idea(アイディア)の単数形	→	an idea
uncle(おじ)の単数形	→	an uncle
elephant(ゾウ)の単数形	→	an elephant
orange(オレンジ)の単数形	→	an orange

2つほど絵で例を見てみましょう。

an apple　　　　　　　an elephant

③ 複数形に関する「例外の規則」

複数形についても例外の規則があります。これは量が多いので、すぐにはおぼえられません。本書の中で、何度も確認しながらいっしょにおぼえていきましょう。

とりあえず、次の①〜③に目を通してください。

複数形の「例外の規則」

① ch, o, s, sh, xで終わる動詞には、-esを加える。
② 「子音＋y」で終わる動詞は、yをiに変えて、その後ろに-esを加える。
　※「子音」とは、母音（a, i, u, e, o）ではないもの。
③ f, feで終わる語は、f, feをvに変えて-esを加える。

例を見ます。まずは①です。右端に和訳を示します。

a bench〈単数形〉　→　benches〈複数形〉　（ベンチ）
a tomato〈単数形〉　→　tomatoes〈複数形〉　（トマト）
a bus〈単数形〉　→　buses〈複数形〉　（バス）
a brush〈単数形〉　→　brushes〈複数形〉　（ブラシ）
a box〈単数形〉　→　boxes〈複数形〉　（箱）

絵を見てみましょう。busesの例を見ます。

buses

なお、「ch, o, s, sh, x」の部分はなかなか記憶できないので、並べ替えて「sox・shch（ソックス手中）」とおぼえてしまってください。

次は②です。

> a lady〈単数形〉　→　ladies〈複数形〉　（女性）
> a story〈単数形〉　→　stories〈複数形〉　（物語）
> a lily〈単数形〉　→　lilies〈複数形〉　（ユリ）

これも絵を見てみましょう。ladiesの例を見ます。

ladies

③に進みます。

> a leaf〈単数形〉　→　leaves〈複数形〉　（葉）
> a wolf〈単数形〉　→　wolves〈複数形〉　（オオカミ）
> a knife〈単数形〉　→　knives〈複数形〉　（ナイフ）
> a life〈単数形〉　→　lives〈複数形〉　（生活、人生）

絵を見ましょう。leavesを選びます。

leaves

名詞の中には、-sを加える形ではなく、また、①〜③とも異なる複数形になるものもあります。代表例を示します。

a child〈単数形〉 →	**children**〈複数形〉	（子供）
a foot〈単数形〉 →	**feet**〈複数形〉	（足）
a man〈単数形〉 →	**men**〈複数形〉	（男）
a mouse〈単数形〉 →	**mice**〈複数形〉	（ネズミ）
a tooth〈単数形〉 →	**teeth**〈複数形〉	（歯）
a woman〈単数形〉 →	**women**〈複数形〉	（女）

このようなものは、丸暗記するしかありません。勉強する際には、きちんと理解したうえでおぼえるべきことも多いのですが、「これはこういうふうに決まっている」というように、あれこれ考えずにそのままおぼえなくてはならないことも多いのです。

ここも絵を見ましょう。miceを選びます。

mice

❹ 数えられない名詞

以上は「1つか、それとも2つ以上か」という話でしたが、名詞の中には、そもそも数えることができないものもありますよね。

たとえば水（water）や空気（air）などは、「1つ、2つ」というように区切って数えるものではありません。「数」ではなく「量」でとらえるものです。このような名詞は使い方が異なります。次の通りです。

> 数えられない名詞は、何も加えずにそのままの形で用いる。

これについては、ドラえもんの例を見ましょう。

SHOGAKUKAN ENGLISH COMICS
DORAEMON（小学館）
ⓒ藤子プロ・小学館

ポケットの中に入ってしまったのは「1個の水」でも「2個以上の水」でもありません。だからこそドラえもんは、a waterでもwatersでもなく、waterと言っているのです。

以上の「単数形」と「複数形」と「そのままの形」が、名詞を用いる際の最も基本的な形です。

5 the

名詞を用いる場合に考えなくてはならないことは他にもあります。そのうちの1つが、「話す人（または書く人）と、聞く人（または読む人）の間で、その名詞のことを、わかりあっているかどうか」ということです。これによって、使い方が異なるのです。次の通りです。

- わかりあっている場合　→ theを加える。
- わかりあっていない場合　→ theを加えない。

具体例で説明しましょう。次の絵を見てください。

the book

2人が同じテーブルで食事の準備をしていて、テーブルの上に本があったとします。そこで片方の人が、もう一方の人に「本を片づけてちょうだい」と言うような場合は、bookにtheを加えてClear the book.などと言います。theを加えるのは、お互いにどの本なのかがわかりあっているからです。本が1冊ならthe bookと表現し、複数ある場合はthe booksとします。

　theの使い方に関しては、次のことに注意してください。

> theは、aとともに用いることはできない。

　1冊だからといって、a the bookやthe a bookという形にはならないのです。theを用いる場合、aは消えます（anも同じです）。

　なお「the 名詞」は「その名詞」と訳すことが多いのですが、「その」という言葉を出さないことも多いものです。

6 this, that

　theと似た形と意味をもち、同じように用いられる言葉としてthis（この、こっちの）という語と、that（あの、あっちの、その）という語があります。例を見ましょう。

> **this watch**（この時計）
> **that mountain**（あの山）

　これらを絵にしてみましょう。

　　　this watch　　　　　　that mountain

　このthisとthatについても、次の点に注意してください。

> thisとthatは、aとともに用いることはできない。

　1つだからといって、this a watchとなったり、a that mountainとなったりはしません。anについても同じです。

7 these, those

　このthis，thatに関連させて、次の2つの語を知ってください。theseとthoseです。
　それぞれの意味を示します。this，thatと並べて表記します。

> 「この」→ this 　　「これらの」→ these
> 「あの」→ that 　　「あれらの」→ those

　thoseは「それらの」と訳すこともあります。

theseとthoseを用いる場合、後ろの名詞が複数形になります。例を見ましょう。

> **these books**（これらの本）
> **these pens**（これらのペン）
> **those cars**（あれらの車）
> **those birds**（あれらの鳥）

2例ほど絵を見ましょう。

these pens　　　　　those birds

8 my, our, your, his, her, its, their

theやthisやthatのように、a, anとともに用いられない語は他にもあります。その代表例が、my, our, your, his, her, its, theirです。これらの意味と例を示します。

my（私の）	例 my head（私の頭）
our（私たちの）	例 our country（私たちの国）
your（あなたの、あなたたちの）	例 your son（あなたの息子）
his（彼の）	例 his book（彼の本）
her（彼女の）	例 her bag（彼女のバッグ）
its（それの、その）	例 its top（それの先端）
their（彼らの、彼女らの、その人たちの、それらの）	
	例 their house（その人たちの家）

2つほど絵を見てみましょう。

her bag　　　　their house

　上のバッグは1つですが、a her bagやher a bagとはなっていません。また、上の家は1軒ですが、a their houseやtheir a houseとはなっていません。これらの語がa, anとともに用いられることはないのです。

第1講ここまで

第2講スタート 予習 04 復習 05

CHAPTER 4 動詞の使い方

1 原形

国語辞典に「歩く」と載っている動詞は、実際には「歩かない」「歩きたい」「歩けない」など、多くの形で用いられます。そしてこれと同じことが、英語にもあてはまります。つまり、英語の動詞の形は変化するのです。

英語の動詞には6つの形がありますが、ここではまず、3つの形を知りましょう。1つ目は次のものです。

> **原形**…辞書の見出し語として載っている形

原形は「動詞の元の形」だといえます。

2 現在形

もう1つは次のものです。

> **現在形**…動詞の語尾に-sを加えた形
> ※現在形は、現在のことを述べる場合や、日々繰り返されることを述べるために用いる。

「語尾」とは、「単語の終わりの部分」という意味でした（p.20参照）。

たとえばrun（走る）の現在形はrunsであり、swim（泳ぐ）の現在形はswimsです。

ただし、原形をそのまま現在形として用いることもあります。次のような場合です。

> 主語がI（私）、you（あなた、あなたたち）、複数のものである場合は、原形をそのまま現在形として用いる。

「複数のもの」とは、複数形の名詞や、we（私たち）、they（彼ら、彼女ら、その人たち、それら）、people（人々）などのように、複数の人や物事を指す名詞のことです。

上の内容は「I、you、複数は-s不要」というフレーズでおぼえてください。今すぐこのフレーズを5回ほど口に出せば、すぐに記憶できます。

③ 過去形

動詞のもう1つの形は次のものです。

> 過去形…原形の語尾に-edを加えた形
> ※過去形は、過去のことを述べるために用いる。

たとえばwalk（歩く）の過去形はwalkedであり、jump（跳ねる）の過去形はjumpedです。過去形は、主語が何であるかによって形が異なるということはありません。主語が何であっても、過去形は同じなのです。

❹ be動詞

ここまでの話から、現在形と過去形の数について、次のようにまとめられます。

> 現在形 → 形が2つ。　※そのうちの1つは原形と同じ形である。
> 過去形 → 形が1つ。

ところが、原形がbeである動詞（意味は「〜である」）は、数が異なります。次の通りです。

> 現在形 → 形が3つ。
> 過去形 → 形が2つ。

beの現在形はbesではなく、amとareとisの3つであり、過去形はbeedではなくwasとwereの2つです。これらをどう使い分けるかについては、第7章で扱います。今は、次のことを知っておいてください。

> - be, am, are, is, was, wereは、「be動詞」と呼ばれる。
> - これら以外の動詞はすべて「一般動詞」と呼ばれる。

runもswimもwalkもjumpも、すべて一般動詞です。
以上で「**STEP2** 英単語の使い方の基礎を知ろう」を終えます。
ではこれより、いろいろな英文を見ていくことにしましょう。

STEP 3

英文の組み立ての規則を知ろう

CHAPTER 5 英文の組み立てに関する特に大切な規則

1 主語と述語

　英文にはいろいろな種類のものがありますが、ほとんどの文に共通する大きな特徴があります。それは次のことです。

> 文頭に名詞（主語）と動詞（述語）がある。

　これは英文の組み立てに関する、特に大切な規則です。主語は「〜が」または「〜は」と訳します。

　日本語では、述語は文の最後に置かれます。具体例で確認しましょう。以下の文の_____が主語で、_____が述語です。

> 松ぼっくりが、ゆっくりと地面に落ちた。
> 私たちは、京浜急行のYRP野比駅の近くに小さな家を買った。

　述語の「落ちた」「買った」は、文の最後にあります。このように日本語の文では、主語と述語は離れることが多いのです。

　一方、英文では主語のすぐ後ろに述語がくるので、主語と述語が連続するリズムに慣れる必要があります。

❷ 5つの文型

先ほど述べた通り、文には名詞（主語）と動詞（述語）が必要ですが、この2つだけで成り立っている文はほとんどありません。すると、次に知らなくてはならないのは、以下のことになります。

　　主語と述語の他に、どのようなものが文の中に現れるのか。

この点から文を分けた場合、最も基本的な文の型は、全部で5つになります。

[第1文型]　主語と述語だけで成り立っている文
　　　　　例 Tom laughed.（トムが笑った）

[第2文型]　主語と述語の後ろに、形容詞か名詞が1つある文
　　　　　例 Meg is beautiful.（メグは美しい）
　　※第2文型の述語はbe動詞。

[第3文型]　主語と述語の後ろに、名詞が1つある文
　　　　　例 We have a dream.（私たちには夢がある）

[第4文型]　主語と述語の後ろに、名詞が2つある文
　　　　　例 Bob showed John a cat.（ボブはジョンにネコを見せた）

[第5文型]　主語と述語の後ろに、「名詞＋形容詞」または「名詞＋名詞」がある文
　　　　　例 I think Lisa beautiful.（私はリサを美しいと思う）

これらをまとめて「5文型」といいます。

次の第6章以降で、これらについて詳しく見ていきます。

さて、これらの「～文型」という名前ですが、英語の勉強に慣れていない

人は、このような名前を見ると「難しそうだな」と感じるかもしれません。でも、やさしい例文で丁寧に説明していくので、必ず理解できます。安心してください。

　また、ここで扱う5つの文型を知れば、同時に「補語(ほご)」や「目的語(もくてきご)」というものを知ることにもなります。これらの知識は、後に扱う大切な分野（たとえば「疑問文」や「関係代名詞」など）を正確に理解するために、絶対に必要なものです。

　大半の英和辞典は、この5文型の知識に関連させながら動詞の意味を載せています。たとえば多くの方が使っている『ジーニアス英和辞典』（大修館書店）で動詞を引くと、「**SVO**」「**SVOC**」などの記号が載っていることがわかりますが、これらの記号は、5文型に関する知識なのです。よって、5文型の知識がなければ、辞書を有効に使うことができなくなります。5文型の知識は決して難しいものではないので、小学校の高学年以上であれば、英語を習い始めた直後に（遅くとも数ヵ月以内には）マスターするべきもの、絶対といえるほど大切なものなのです。

第2講ここまで

第3講スタート　予習 06　復習 07　例文朗読 08 ①〜④

CHAPTER 6 パンダが跳ねた！——第1文型

1 例文

まずは第1文型の例文を見ます。

◎ 08 − ①

This robot walks.（このロボットは歩く）
These robots walk.（これらのロボットは歩く）
A girl laughed.（少女が笑った）
The girls laughed.（その少女たちが笑った）

2 第1文型とはどのような文か

　第1文型は、「主語と述語だけで成立している文」です。それぞれの文を詳しく見ていきましょう。

　最初の文では、動詞のwalkに-sが加わっています。現在形です。

　2番目の文は主語が複数形なので（theseという語はp.29で扱いました）、原形のwalkを、そのまま現在形として用いています。p.33で述べた通り、主語がI、you、複数のものである場合は、現在形は原形と同じです。そこで示した「I、you、複数は-s不要」というフレーズを思い出してください。

　3番目の文の動詞は、-edで終わっているので過去形です。過去形を用いる場合は、主語が何であっても、同じ形になるのでした。このことは、3番目の文と4番目の文を比べてみるとわかります。3番目の文の主語は単数形のa girlで、4番目の文の主語は複数形のgirlsですが、どちらの文でもlaughedが用いられています。

　第1文型の文を他にも見てみましょう。最初の文の動詞は現在形で、2番目の文の動詞は過去形です。

🎧 08-②

This car flies.（この車は飛ぶ）
The train stopped.（その電車は止まった）

　最初の文の動詞の原形はflyです。それなら現在形はflysとなるはずですが、上の文ではyがiに変わっています。また、-sではなく-esが加わっています。

　2番目の文の動詞の原形はstopです。すると過去形はstopedのはずですが、上ではpが重なっています。これは一体どういうことでしょうか。

3 現在形と過去形に関する「例外の規則」

実は現在形の中には、-sが加わるのとは少し異なる形になるものがあるのです。また過去形も、-edが加わるのとは異なる形のものがあります。それぞれについて説明しましょう。

まずは現在形です。現在形には、次のような「例外の規則」があります。

> **現在形の「例外の規則」**
> * -sではなく、-esを加えることもある。
> ① ch, o, s, sh, xで終わる動詞には、-esを加える。
> ②「子音+y」で終わる動詞は、yをiに変えて、その後ろに-esを加える。

「ch, o, s, sh, x」の部分は、p.23の場合と同じように、並べ替えて「sox・shch(ソックス手中)」とおぼえてしまってください。

例を見ましょう。まずは①です。

> touch〈原形〉 → touches〈現在形〉 （触る）
> go〈原形〉 → goes〈現在形〉 （行く、なる）
> toss〈原形〉 → tosses〈現在形〉 （投げる）
> push〈原形〉 → pushes〈現在形〉 （押す）
> fax〈原形〉 → faxes〈現在形〉 （ファックスで送る）

次は②です。

> cry〈原形〉 → cries〈現在形〉 （泣く、叫ぶ）
> try〈原形〉 → tries〈現在形〉 （挑戦する）

これらの動詞を用いる場合でも、主語がI、you、複数のものである場合は、もちろん原形をそのまま現在形として用います。
　現在形についてはもう1つ、次のこともおぼえてください。

> haveの現在形はhasである。

　havesではないのです。veを取りのぞいて-sを加えます。
　次に過去形の話に移ります。過去形の「例外の規則」は次の①～③です。③はすぐにはおぼえられませんが、まずは目を通しましょう。

> **過去形の「例外の規則」**
> ① eで終わる語には、-dだけを加える。
> ② 「子音＋y」で終わる動詞は、yをiに変えて-edを加える。
> ③ 「1母音＋1子音」で終わる動詞で、その母音が強く発音する部分であれば、最後の子音を重ねて-edを加える。

　具体例を見ましょう。まずは①です。

> change〈原形〉 → changed〈過去形〉 （変える、変わる）
> save〈原形〉 → saved〈過去形〉 （救う、貯める）

　次は②です。

> cry〈原形〉 → cried〈過去形〉 （泣く、叫ぶ）
> try〈原形〉 → tried〈過去形〉 （挑戦する）

　次は③です。

> step〈原形〉 → stepped〈過去形〉（ステップする）
> pat〈原形〉 → patted〈過去形〉（軽くたたく）

　stepのeは母音で、pは子音です。よってstepは「1母音＋1子音」で終わる動詞です。そしてこのeの部分を強く読みます。このような動詞は最後の子音を重ねたうえで-edを加えます。patも同じです。aが母音でtが子音であり、このaを強く読みます。

練習問題

　第6章が終わりました。この章からは練習問題があります。
　ここでは、「例外の規則」にあてはまる現在形と過去形を自分で作ってみましょう。解答は、できれば紙に書いてください。

[問題1]　次の動詞を現在形で用いる場合、主語がIでも、youでも、複数のものでもない場合は、どのような形になるか答えてください。

（1）pass（パスする）　（2）mix（混ぜる）　（3）catch（取る）
（4）wash（洗う）　（5）do（する）　（6）hurry（急ぐ）

[問題2]　次の動詞を過去形にしてみましょう。

（1）live（住む）　（2）study（勉強する）
（3）skip（スキップする）

[解答1] （1）passes　（2）mixes　（3）catches　（4）washes
　　　　（5）does　（6）hurries

[解説]　（1）〜（5）には、p.41の「例外の規則」の①があてはまります。
　　　　（6）には②があてはまります。

[解答2] （1）lived　（2）studied　（3）skipped

[解説]　（1）には、p.42の「例外の規則」の①があてはまります。
　　　　（2）には②があてはまります。
　　　　（3）には③があてはまります。

CHAPTER 7 ぼくは君の息子だよ。──第2文型

1 例文

第2文型に入ります。まずは例文を見ましょう。

> I am a policeman.（私は警官である）
> We are happy.（私たちは幸せだ）
> This is a lighter.（これはライターだ）
> That is a ship.（あれは船です）
> I was beautiful.（私はきれいだった）
> They were teachers.（彼らは教師だった）

3番目の文の先頭にthisという語があります。この語はp.28で、「この」という意味だと述べましたが、「これ」という意味もあるのです。

4番目の文の先頭にthatという語があります。この語もp.28で、「あの」という意味だと述べましたが、「あれ」という意味もあります。

2 第2文型とはどのような文か

第2文型は、「主語と述語の後ろに、形容詞か名詞が1つある文」ですが、用いられる動詞について、次のことを知ってください。

> 第2文型では、用いられる動詞がbe動詞である。

be動詞についてはp.34で説明しました。前のページの文の中にあるam，are，is，was，wereがbe動詞です。

現在形のam，are，isは「～である」「～だ」「～です」と訳すものなので、これらが用いられた第2文型の文は「…は～である」「…は～だ」「…は～です」という訳になります。

過去形のwas，wereは「～だった」「～でした」と訳すものなので、これらが用いられた第2文型の文は「…は～だった」「…は～でした」という訳になります。

be動詞の後ろにある形容詞または名詞は、「補語(ほご)」と呼ばれます。これも大切な用語なので必ずおぼえてください。用語をおぼえておかないと、これから先、いろいろと面倒なことになります。たとえばこの「補語」という言葉を用意しておかないと、今後、これを指す時に、いちいち「第2文型で、be動詞の後ろにあるもの」などと言わなくてはならなくなります。

ちなみに、用語、言葉がなければ不便なのは英語学習の場合だけではありません。たとえば自動車について語る場合に、「ドア」や「ライト」「ハンドル」といった言葉を用意しておかないと、いちいち「出入りする時に開ける横の部分」「前にある光る部分」「運転する時ににぎる丸い部品」などと言わなくてはならなくなります。この本に出てくる文法に関する用語もすべて、とても大切なものです。1つ1つ丁寧におぼえていってください。

❸ be動詞の使い分け

　be動詞については、使い分け方を知らなくてはなりません。まずは現在形のam, are, isの使い分け方を見ましょう。次の通りです。

主語がIの場合　　　　　　　　　　　　→　amを用いる
主語がyouまたは複数のものである場合　→　areを用いる
主語がそれ以外のものである場合　　　　→　isを用いる

---

　p.45の例文でも、この通りに使い分けられています。
　次に、過去形の使い分け方を見ましょう。

主語がyouまたは複数のものである場合　→　wereを用いる
主語がそれ以外のものである場合　　　　→　wasを用いる

---

4 縮約形

次の文を見てください。

🎧 08-④

I'm a doctor.（私は医者だ）
That's an airplane.（あれは飛行機だ）

これらの文の先頭は、2語を1語に短縮したものです。I'mはI amを1語に短縮したものであり、That'sはThat isを短縮したものです。

このようなものを「縮約形」といいます。この言葉が難しいと感じたら、まずは「短縮形」とおぼえてください。

縮約形にはいろいろな種類のものがあるのですが、以下に「主語＋be動詞」を短縮したものを紹介します。

I am	→	I'm
you are	→	you're
he is	→	he's
she is	→	she's

it is	→	it's
we are	→	we're
they are	→	they're
that is	→	that's

これらはすぐにマスターする必要はありません。今後、英語学習を進めていく中でたくさん目にしますので、少しずつおぼえていけばいいのです。なお、5番目のitという語については第38章で扱います。

縮約形は読み方が変わります。たとえば、I'mは「アイアム」ではなく「アイム」となります。上のワクの中は、復習の講義で読み上げます。いっしょに音を確認しましょう。

以上で第7章を終えます。練習問題に入りましょう。

練習問題

ここではbe動詞の使い分けをマスターします。

[問題] 次のカッコ内に適切なbe動詞を入れて、右に示した和訳の意味の文を作りましょう。

（1）Tom (　　　) a singer.（トムは歌手だ）

（2）The students (　　　) kind.（その学生たちは親切だった）

（3）My parents (　　　) tall.（うちの両親は背が高い）

（4）My mother (　　　) a teacher.（母は教師でした）

（5）You (　　　) beautiful.（君は美しい）

（6）I (　　　) happy.（僕は幸せです）

[解答] （1）is （2）were （3）are （4）was （5）are （6）am

[解説] p.47のリストをあてはめれば正解を出せます。
　　　（2）と（4）は過去の話なので過去形を用います。

第3講ここまで

CHAPTER 8 私がこの人形を作ったの。——第3文型

1 例文

まずは第3文型の例文を見ましょう。

> Ken knows Tom.（ケンはトムを知っている）
> I know Tom.（私はトムを知っている）
> John has a car.（ジョンは車を持っている）
> Bob used my pen.（ボブが私のペンを使った）

2 第3文型とはどのような文か

　第3文型とは、「主語と述語の後ろに、名詞が1つある文」です。つまり「名詞（主語）＋動詞（述語）＋名詞」という順序で単語が並ぶ文です。

　述語の後ろにある名詞は「目的語」と呼ばれます。これも必ず記憶しなくてはならない用語です。目的語は「〜を」または「〜に」と訳します。ただし、

動詞がmarry（結婚する）の場合は「～と」と訳します。

　第2文型とは異なり、この文型では、必ず一般動詞(be動詞以外の動詞)が用いられます。それぞれの動詞の形を確認していきましょう。

　最初の文と2番目の文では、knowを現在形で用いています。最初の文ではknowsですが、2番目の文ではknowです。2番目の文は主語がIなので、現在形は原形と同じです（p.33参照）。

　3番目の文のhasは、haveの現在形です。p.42で扱いました。

　4番目の文のusedは過去形です。この動詞の原形はuseですが、過去形にする際には-dのみを加えます。p.42で示した「例外の規則」の①があてはまるのです。

　他の例も見ましょう。動詞はすべて過去形です。

🔊 11－②

I wrote a letter.（私は手紙を書いた）
My father made that ship.（私の父があの船を作った）
I read this book.（僕はこの本を読んだ）

　最初の文の動詞の原形はwriteです。それなら、過去形はwritedであるはずですが、wroteとなっています。

　2番目の文の動詞の原形はmakeです。すると過去形はmakedのはずですがmadeになっています。

　3番目の文の動詞の原形はreadです。すると過去形はreadedのはずですが、readのままになっています。これは一体どういうことでしょうか。

　これらの過去形について説明します。ほとんどの動詞の過去形は、原形に-edを加えた形です。または、p.42で示した「例外の規則」にあてはまります。ところが、これらとは違った過去形になる動詞があるのです。

　このような動詞は、「不規則変化動詞（ふきそくへんかどうし）」と呼ばれます。writeやmakeや

readは不規則変化動詞なのです。なお、readの過去形は、綴りは同じですが、読み方は「リード」ではなく「レッド」になります。復習の時にCDで確認してください。

不規則変化動詞は丸暗記するしかありません。ただこれについては、後に第15章で扱う「過去分詞形」というものとセットで記憶するべきなので、今はまず、この「不規則変化動詞」という言葉を知ってください。

③ 第3文型に関する注意点

目的語について、1つ補足します。I（私）、we（私たち）、he（彼）、she（彼女）、they（彼ら、彼女ら、その人たち、それら）を目的語として用いる場合は、これらを次のように変形させなくてはなりません。

I	→	me
we	→	us
he	→	him
she	→	her
they	→	them

右の形を「目的格」といいます。文の中で用いてみましょう。

──── ◎ 11－③ ────

Pochi touched me.（ポチが私に触った）
Meg called us.（メグが私たちを呼んだ）
I respect him.（私は彼を尊敬している）
Bob praised her.（ボブが彼女をほめた）
The wrestler lifted them.（そのレスラーが彼らを持ち上げた）

> 練習問題

では練習問題に入ります。ここでは、自分で第3文型の文を作ってみましょう。和英辞典を使ってもかまいません。

[問題] 次の日本語を英語に訳しましょう。

（1） メグが彼に触った。
（2） 私は自転車を1台持っている。
（3） 馬が私を蹴った。

[解答]　（1） Meg touched him.
　　　　（2） I have a bicycle.
　　　　（3） A horse kicked me.
　　　　　　　Horses kicked me.　※複数の馬が蹴った場合

[解説]　(1)は目的語が「彼」なので、heではなくhimにしなくてはなりません。
(2)は主語がIなので、hasではなく、原形と同じままの現在形であるhaveを用います。bicycleの綴りは、おぼえるまでに少し時間がかかるかもしれませんね。「1台」の意味はaで表すことができます。
(3)は、kickedの次の語をIとすると不正解になります。目的語が「私」なので、Iではなく目的格のmeを用います。

CHAPTER 9 君にプレゼントを持ってきたよ。――第4文型

1 例文

まずは第4文型の例文を見ましょう。

Meg gave Tom a pen. (メグはトムにペンをあげた)
I told Bob the news. (私はボブにそのニュースを告げた)
Ken sent his son a watch. (ケンは息子に時計を送った)
He taught the student English. (彼はその学生に英語を教えた)

2 第4文型とはどのような文か

第4文型とは、主語と述語の後ろに2つの名詞がある文です。つまり「名詞（主語）＋動詞（述語）＋名詞＋名詞」という順序で単語が並ぶものです。

述語の後ろにある2つの名詞は、ともに目的語です。最初の目的語は「〜に」と訳し、2つ目の目的語は「〜を」と訳します。

この4つの文の動詞はすべて過去形ですが、-edが加わった形ではありません。つまり、これらの動詞は不規則変化動詞なのです。1つ1つ見ていきましょう。

最初の文のgaveは、give（あげる、与える）の過去形です。
2番目の文のtoldは、tell（告げる、言う）の過去形です。
3番目の文のsentは、send（送る）の過去形です。
最後の文のtaughtは、teach（教える）の過去形です。

ちなみに、最初に示したイラストのbroughtは、bring（持ってくる）の過去形です。これも不規則変化動詞です。

3 第4文型の文に関する注意点

第4文型の文について注意することがあります。まずは次の文を見てください。どこかがおかしな文です。どこがおかしいでしょうか。そして、どう直せば正しい文になるでしょうか。考えてみてください。

> **どこかがおかしい文**
> **Bob gave she a bag.**（ボブは彼女にバッグをあげた）
> **We sent he a book.**（私たちは彼に本を送った）

おかしな部分は、ともに3語目です。

　第4文型では、動詞の後ろにある2つの名詞は、どちらも目的語です（前のページ参照）。そしてp.52で述べたことですが、目的語としてI, we, he, she, theyを用いる場合、これらを目的格のme, us, him, her, them に変えなくてはならないのでした。よって、先ほどの文を正しいものにするには、次のように変えなくてはなりません。

---- 🎧 11 − ⑤ ----

Bob gave her a bag.（ボブは彼女にバッグをあげた）
We sent him a book.（私たちは彼に本を送った）

❹ 第4文型で用いられる動詞の意味と代表例

　この文型で用いられる動詞の多くは、「誰かが誰かに、物（または情報）を渡す」という意味をもちます。

　第4文型で用いられる動詞の代表例を見てみましょう。いくつか知っているものがあるでしょうか。チェックしてみてください。

ask（尋ねる）、**bring**（持ってくる）、**give**（与える）、**hand**（手渡す）、**leave**（残しておく、取っておく）、**lend**（貸す）、**offer**（申し出る）、**pass**（渡す）、**pay**（支払う）、**send**（送る）、**sell**（売る）、**show**（見せる）、**teach**（教える）、**tell**（告げる）

練習問題

練習問題に入ります。ここでは並べ替え問題を利用して、第4文型の文を自分で作ってみましょう。

[問題] 次のカッコ内にある単語を並べ替えて、文を作りましょう。なお、形を変えなくてはならない語や、不要な語が含まれている場合もあります。

(1) その男性が私にボールをパスした。
　　（pass ／ I ／ the ／ a ／ ball ／ man）.

(2) 私は彼女にその指輪を見せた。
　　（she ／ the ／ I ／ ring ／ show）.

(3) 彼女はトムに水を与えた。
　　（gave ／ Tom ／ a ／ water ／ she）.

[解答] (1) The man passed me a ball.
　　　(2) I showed her the ring.
　　　(3) She gave Tom water.

[解説] (1)では、動詞を過去形のpassedにします。また、目的語をIではなくmeに変えます。
(2)でも同じように、動詞を過去形にして、sheをherに変えます。
(3)のwaterは数えられない名詞なので、選択肢の中のaは不要です。p.26でドラえもんが教えてくれました。

第4講ここまで

CHAPTER 10 私はこのカナリアをピッコロと名づけたの。——第5文型

1 例文

まずは第5文型の例文を見てみましょう。

> We thought Lisa kind. （私たちはリサを親切だと思った）
> The king set the slaves free. （その王様はその奴隷たちを自由にした）
> She calls the man Tom. （彼女はその男性をトムと呼ぶ）

❷ 第5文型とはどのような文か

　第5文型とは、主語と述語の後ろに、「名詞＋形容詞」または「名詞＋名詞」がある文です。つまり、次のどちらかの順に品詞が並ぶ文です。

> （A）「名詞（主語）＋動詞（述語）＋名詞＋形容詞」
> （B）「名詞（主語）＋動詞（述語）＋名詞＋名詞」

　述語のすぐ後にある名詞は目的語です。この目的語は「〜を」と訳します。
　目的語の後ろにある形容詞、名詞は補語です。「補語」という言葉は第2文型のところで出てきましたが、第5文型の補語は、訳が3通りあります。「〜だと」「〜に」「〜と」の3つです。どの訳になるかは動詞の意味によって決まります。つまり「こういう意味の動詞が用いられた場合は、この訳を選ぶ」というように決まっているのです。このことを、先ほど見た3つの文で確認していきましょう。
　最初の文にある動詞のthoughtは、think（思う）の過去形です（thinkは不規則変化動詞です）。動詞が、このような「思う」「考える」といった意味のものである場合は、補語は「〜だと」と訳します。
　以下に、このグループの動詞の代表例を示します。

> **believe**（信じる）、**consider**（思う、考える）、**find**（思う、わかる）、**imagine**（想像する、思う）、**think**（思う）

　次に2番目の文に進みます。この文にある動詞のsetは過去形です。この動詞の原形はsetです。setという動詞は、原形と過去形が同じ形なのです。p.51で扱ったreadと同じパターンの不規則変化動詞です。setにはいろいろな意味がありますが、この文のsetは「する」という意味です。

第5文型で用いられている動詞が、以下のような「する」「しておく」「選ぶ」といった意味のものである場合は、補語は「〜に」と訳します。

> choose（選ぶ）、elect（選ぶ）、keep（しておく）、leave（する、しておく）、make（する）、set（する）

3番目の文に移ります。この文にある動詞のcallsは、call（呼ぶ）の現在形です。動詞がcallやname（名づける）の場合は、補語を「〜と」と訳します。p.58のイラストの文は、nameを用いた文です。よって補語は「ピッコロと」と訳されています。

3 類例

第5文型の例文を他にも見ましょう。

🎧 14−②

> Meg considers Tom a genius.（メグはトムを天才だと考えている）
> We elected Bob captain.（私たちはボブをキャプテンに選んだ）
> I kept the beer cool.（僕はそのビールを冷やしておいた）
> John named the cat Ted.（ジョンはそのネコをテッドと名づけた）

keptはkeepの過去形です。keepは不規則変化動詞です。

4 第5文型の文に関する注意点

第5文型の文についても注意点があります。次の文を見てください。どこかがおかしな文です。どこがおかしいか、どう直せば正しい文になるかを考えてみてください。

> **どこかがおかしい文**
>
> I thought they honest.（私は彼らを正直だと思った）
> My friends call I Meg.（私の友人たちは私をメグと呼ぶ）

おかしい箇所は、ともに3語目です。

第5文型の、動詞の直後の名詞は目的語です（p.59参照）。するとやはり、I, we, he, she, theyを用いる場合は、目的格のme, us, him, her, themに変えなくてはなりません。正しい文は次のものです。

───── 14 −③ ─────

> I thought them honest.（私は彼らを正直だと思った）
> My friends call me Meg.（私の友人たちは私をメグと呼ぶ）

⑤ 第4文型と第5文型の違い

まずは以下の表を見てください。第4文型と第5文型の品詞の並び方をまとめたものです。

第4文型	名詞＋動詞＋名詞＋名詞
第5文型（A）	名詞＋動詞＋名詞＋形容詞
第5文型（B）	名詞＋動詞＋名詞＋名詞

第4文型と、第5文型（B）は、品詞の並び方が同じです。ただ、別の文型であるなら、何かの違いがあるはずです。第4文型と第5文型はどのように異なるのでしょうか。

次の2つの文を見比べることにより、違いを確認します。この2文はp.54で見た第4文型の文と、前のページで示したばかりの第5文型の文です。

Meg gave Tom a pen.（メグはトムにペンをあげた）

Meg considers Tom a genius.（メグはトムを天才だと考えている）

　最初の文では、Tomとa penがイコールの関係にはありません。あたりまえのことですが、トムはペンではないのです。一方、2番目の文では、メグは「Tom＝genius」だと考えています。

　このように、第4文型では、動詞の後ろの2つの名詞がイコールではないのですが、第5文型ではイコールです。単語どうしの関係が違うので、品詞の並び方が同じでも、訳し方が異なり、文型が別になるのです。

　ちなみに、補語が形容詞の場合も、「目的語＝補語」が成り立ちます。このことは、たとえばp.60で見たI kept the beer cool.という文からもわかります。この文は、「the beer＝cool」の状態にしておいた、という意味です。

　第4文型と第5文型の違いをまとめます。

> - 第4文型では、動詞の後ろにある2つの名詞がイコールの関係にはない。
> - 第5文型では、動詞の後ろの名詞と、その後ろの名詞、形容詞はイコールの関係にある。

　第5文型が終わりました。練習問題に入ります。

> 練習問題

ここでも並べ替え問題を利用して、第5文型の文を作ってみましょう。

問　次の語を並べ替えて、文を作りましょう。なお、単語は形を変えなくてはならない場合があります。

（1）私は彼を偉大だと思う。

　　（I ／ he ／ great ／ think）.

（2）彼女はそのドアを開けたままにしておいた。

　　（kept ／ door ／ she ／ the ／ open）.

（3）私たちはこの犬をジョンと名づけた。

　　（this ／ name ／ we ／ John ／ dog）.

解答　（1）I think him great.
　　　（2）She kept the door open.
　　　（3）We named this dog John.

解説　（1）では目的語をheではなくhimにします。
　　　（2）のkeptはp.60で扱いました。keepの過去形です。
　　　（3）はnameを過去形のnamedに変えます。nameはeで終わるので、p.42の「例外の規則」の①があてはまり、-dのみを加えます。

以上で、p.37で示した5文型をすべて見終えました。5文型の知識を表にまとめましょう（第2文型と第5文型のところにある「／」は「または」という意味の記号です）。

　なお、「名詞」「動詞」「形容詞」は「品詞」ですが、「主語」「述語」「補語」「目的語」のように、文の中での役割を表す言葉は「要素（ようそ）」と呼ばれます。ぜひ、この言葉も知ってください。

[第1文型]

品詞の並び：名詞＋動詞．

要素の並び：主語　述語

　　　訳：主語が～する。

[第2文型]

品詞の並び：名詞＋動詞＋形容詞／名詞．　　※動詞はbe動詞

要素の並び：主語　述語　　　補語

　　　訳：主語は補語だ。

[第3文型]

品詞の並び：名詞＋動詞＋名詞．

要素の並び：主語　述語　目的語

　　　訳：主語が目的語を～する。
　　　　　主語が目的語に～する。

[第4文型]

品詞の並び：名詞＋動詞＋名詞＋名詞．

要素の並び：主語　述語　目的語1　目的語2
　　　　　　※2つの目的語はイコールの関係にはない。

　　訳：主語が目的語1に目的語2を～する。

[第5文型]

品詞の並び：名詞＋動詞＋名詞＋形容詞／名詞．

要素の並び：主語　述語　目的語　　補語
　　　　　　※目的語と補語はイコールの関係にある。

　　訳：主語が目的語を補語だと～する。
　　　　主語が目的語を補語に～する。
　　　　主語が目的語を補語と～する。

　「が」は「は」と訳すこともあります。逆に、「は」を「が」と訳すこともあります。

　この5文型の知識は、後にいろいろなことを学ぶ際に大きく生きてくることになります。

第5講ここまで

CHAPTER 11 長いおてがみを書いたよ。——修飾語

1 修飾語とは何か

　ここまで5つの文型を見てきました。これらが英語の基本の文なのですが、私たちが実際に目にする英文、耳にする英語の大半には「修飾語」というものが加わっています。

　修飾語とは、他の語に対する説明の言葉であり、情報の補足となる言葉です。修飾語の具体例を、まずは日本語で見てみましょう。下線部が修飾語です。

> （1）彼は丸い*顔*をしている。
> （2）彼はとつぜん*歌った*。
> （3）彼はとても美しい*目*をしている。

（1）では「丸い」が、「顔」という名詞を修飾しています。

（2）では「とつぜん」が、「歌った」という動詞を修飾しています。

（3）では「とても」が、「美しい」という形容詞を修飾しています。また、「美しい」が、「目」という名詞を修飾しています。

❷ 名詞を修飾する形容詞

では英語の修飾語を見ていきます。まずは次のことを知ってください。

> 形容詞は名詞を修飾する。

形容詞については、第2文型と第5文型のところで見ました。補語としてはたらくのでした（p.64〜65参照）。

形容詞には、このはたらきだけでなく、名詞を修飾するはたらきもあります。例を見ましょう。形容詞には下線をつけ、形容詞によって修飾される語を斜体にします。

🔊 17 − ①

> The <u>beautiful</u> *girl* jumped. （その美しい少女が跳ねた）
> Meg caught a <u>small</u> *fox*. （メグが小さなキツネを捕まえた）

最初の文では、形容詞のbeautifulが、直後の名詞girlを修飾しています。2番目の文では、形容詞のsmallが、直後の名詞foxを修飾しています。

caughtはcatchの過去形です。catchは不規則変化動詞です。

修飾語が加わった文については、次のことを知ってください。

> 修飾語が加わっても文型は変わらない。

先ほどの2つの文も、それぞれ第1文型、第3文型のままです。

❸ 名詞による名詞修飾と、名詞の所有格

名詞を修飾するものは、形容詞だけではありません。実は名詞も名詞を修飾することができるのです。具体例を見ましょう。下線のついた名詞が、その後ろにある斜体の名詞を修飾しています。

---- 🎧 17 − ②

My father is a history *teacher*.（父は歴史の教師だ）
I am a Waseda *student*.（私は早稲田の学生です）

最初の文のhistoryは科目の名前であり名詞です。この名詞が、直後の名詞のteacherを修飾しています。2番目の文のWasedaは学校名であり名詞です。この名詞が、直後の名詞のstudentを修飾しています。

名詞をそのままの形で用いるのではなく、次のような形にして置くこともあります。

---- 🎧 17 − ③

Mary's *son* wrote a story.（メアリーの息子が物語を書いた）
I like the girl's *voice*.（僕はその少女の声が好きだ）

この「—'s」という形を「所有格（しょゆうかく）」といいます。「—の」という意味です。「'」を「アポストロフィー」といいます。

❹ 動詞を修飾する副詞

修飾語については、次に以下のことを知ってください。

> 動詞を修飾する語がある。これを副詞(ふくし)という。

例を見ましょう。やはり修飾語に下線をつけ、修飾される語を斜体にします。

◉ 17 − ④

> **Tom <u>suddenly</u> *cried*.**（トムはとつぜん叫んだ）
> **Meg <u>often</u> *plays* tennis.**（メグはしばしばテニスをする）

最初の文では、suddenly が動詞の cried を修飾しています。cried は cry の過去形です。y を i に変えていることに注意してください。p.42 の「例外の規則」の②があてはまります。

2番目の文では、often が動詞の plays を修飾しています。

この suddenly や often のように、動詞修飾語としてはたらく語を「副詞(ふくし)」といいます。

副詞の位置については、次の点に注意してください。

> 多くの副詞が、後ろから動詞を修飾する。

ここまでに見た修飾語は、すべて修飾される語の前に置かれていました。ところが英語には「後ろからの修飾」もあります。例を見ましょう。

> 🎧 17-⑤
> Meg *ate* an apple <u>slowly</u>. （メグはリンゴをゆっくり食べた）
> I *met* Tom <u>there</u>. （私はそこでトムに会った）
> We *danced* <u>here</u>. （私たちはここで踊った）

最初の文では、副詞のslowlyが、前にある動詞のateを修飾しています。ateはeat（食べる）の過去形です。eatは不規則変化動詞です。

2番目の文では、副詞のthereが、前にある動詞のmetを修飾しています。thereは「そこで」「そこに」という意味です。metはmeet（会う）の過去形です。meetも不規則変化動詞です。

3番目の文では副詞のhereが、前にある動詞のdancedを修飾しています。hereは「ここで」「ここに」という意味です。

5 名詞による動詞修飾

動詞を修飾するのは副詞だけではありません。

> 一部の名詞は、前にある語とセットになって動詞を修飾する。

具体例を見ましょう。下線部が、前にある斜体の動詞を修飾しています。

> 🎧 17-⑥
> I *met* Bob <u>last night</u>. （私は昨晩、ボブに会った）
> Tom *came* here <u>this morning</u>. （トムは今朝ここに来た）
> The dog *kicked* me <u>six times</u>. （その犬は僕を6回蹴った）
> We *danced* <u>two hours</u>. （私たちは2時間踊った）

night, morning, times, hoursは名詞ですが、直前の語とともに、動詞を修飾しています。なお、2つ目の動詞のcameは、comeの過去形です。comeは不規則変化動詞です。

❻ 形容詞を修飾する副詞

修飾語については、次のことも知ってください。

> 形容詞を修飾する語がある。これも副詞である。

例を見ましょう。修飾語に下線を引き、修飾される形容詞を斜体にします。

> This bridge is <u>very</u> *long.* (この橋はとても長い)
> Your eyes are <u>too</u> *beautiful.* (君の目はあまりにも美しい)

最初の文では、very（とても）が形容詞のlongを修飾しています。

2番目の文では、too（あまりにも）が形容詞のbeautifulを修飾しています。この文の主語がyour eyeではなく、your eyesとなっていることに注意してください。目は2つあるので、複数形のeyesになるのです。

これらのvery, tooのように、形容詞を修飾する語も副詞です。

副詞という語には多くのはたらきがあり、かなり面倒なものなのですが、まずは次の2つのことをしっかりと記憶しましょう。

> ● 動詞を修飾する語は副詞である。
> ● 形容詞を修飾する語も副詞である。

> 練習問題

練習問題に入ります。ここでは、文に修飾語を加える練習をしましょう。

[問題] 次の文を、指定された意味の文に書き換えましょう。

(1) **I have a pen.**（私はペンを持っている）

→「私は長いペンを持っている」に。

(2) **He is a player.**（彼は選手だ）

→「彼は野球選手だ」に。

(3) **We visit Kyoto.**（私たちは京都を訪れる）

→「私たちはしばしば京都を訪れる」に。

(4) **I met Meg.**（私はメグに会った）

→「私は今朝メグに会った」に。

(5) **The machine moved slowly.**（その機械はゆっくり動いた）

→「その機械はとてもゆっくり動いた」に。

[解答] (1) I have a long pen.
(2) He is a baseball player.
(3) We often visit Kyoto.
(4) I met Meg this morning.
(5) The machine moved very slowly.

[解説] (3)の often は p.69 で扱いました。
(4)の this morning は文頭に置くことも可能です。

CHAPTER 12 私は毎日このお花に水をやるの。── 英単語の大きな特徴

> I water this flower every day.

1 単語と品詞の関係

まずは上のイラストのセリフを改めて見てみましょう。

I water this flower every day.

さて、この文のwaterの品詞は何でしょうか。普通に考えるとwaterは「水」という意味の名詞です。ところがこの文では、主語であるIの直後にあるので、このwaterは述語だとしか考えられません。述語としてはたらいているので、このwaterは動詞です。「水をやる」という意味です。その後

ろの this flower は目的語で、every day は water を修飾します。

このように、water は動詞でもあるのです。

日本語では、たとえば「早い」(形容詞)、「早さ」(名詞)、「早まる」(動詞) というように、品詞が違えば単語の形も異なるのが大原則ですが、英単語には次のような特徴があるのです。

> 多くの英単語が、複数の品詞として用いられる。

具体例を見てみましょう。下線の語の品詞を考えてみてください。

━━ 17-⑧ ━━
Her hands are beautiful. (彼女の手は美しい)
He handed me a pen. (彼は私にペンを手渡した)

最初の文の hand は名詞です。複数形になっています。

2番目の文の hand は動詞です。過去形で用いられています。なお、この文は第4文型です。p.56のリストに hand があります。

次の2文についても、下線の語の品詞を考えてみてください。

━━ 17-⑨ ━━
This soup is cool. (このスープは冷たい)
I cooled my coffee. (僕は自分のコーヒーを冷やした)

最初の文の cool は形容詞です。2番目の文の cool は動詞です。

次は4ペアをまとめて見ます。

━━ 17-⑩ ━━
This pen is expensive. (このペンは高価だ)
This is a watch. (これは時計です)

> That car is old. (あの車は古い)
> That is a rock. (あれは岩です)
>
> These books are difficult. (これらの本は難しい)
> These are shavers. (これらはひげそりです)
>
> Those trains run fast. (あれらの電車は高速で走る)
> Those are boats. (あれらはボートです)

　各ペアの最初の文のthis，that，these，thoseは、直後の名詞を修飾しているので形容詞です。一方、各ペアの2番目のthis，that，these，thoseは、主語なので名詞です。

　英単語はこのような特徴をもつので、常に「他の品詞でもあるのではないか」ということを考えるようにしましょう。ちなみに、この章の最初に示したwaterのように「名詞だけだと思っていたら、実は動詞でもあった」という例が非常に多く見られます。waterの他にもたとえば、bookもbagもmilkもgardenもparkもeyeもmouthも、すべて動詞でもあります。これらの語のいくつかを辞書で引き、動詞としての意味を調べてみてください。

2 辞書に載っている品詞の情報

　さて、上で辞書を引くようにと述べましたが、辞書には、それぞれの単語がどの品詞なのかが載っています。単語を引くと、単語のすぐ後に名、動、形、副などのマークがあります。これらはそれぞれ「名詞」「動詞」「形容詞」「副詞」を意味します。

　そして、複数の品詞である語は、品詞ごとに分かれて訳が載っています。

たとえば先ほど見たhandを引くと、まずは名のマークがあり、名詞としての訳が載っています。次に動のマークがあり、動詞としての訳が載っています。この2つのマークがあるので、handが「名詞であり、動詞でもある」とわかります。

　他のすべての語についても、必ず品詞が載っています。辞書で確認してみてください。そして今後、辞書を引く場合は、品詞を確認する習慣をつけましょう。

❸ 動詞と文型の関係

　英単語の意味の広さについて、もう1つの事実を述べておきます。それは、動詞に関することです。

> 多くの英語の動詞が、複数の文型で用いられる。

　具体例で説明しましょう。次の文を見てください。

🔊 17-⑪

The car **stopped**.（その車は止まった）
I **stopped** my car.（僕は自分の車を止めた）

　両方の文でstopという動詞が用いられていますが、最初の文のstopは「止まる」という意味で、文は第1文型です。一方、2番目の文のstopは「止める」という意味で、文は第3文型です。

　次に、以下の3つの文を見てください。すべて、leaveという動詞の過去形であるleftが用いられた文です。

> 🔊 17 - ⑫
>
> Meg <u>left</u> Tokyo.（メグは東京を去った）
> Meg <u>left</u> you this cheese.（メグが君にこのチーズを残しておいてくれたよ）
> Meg <u>left</u> the dog alone.（メグはその犬を一人ぼっちにしておいた）

最初の文では、leave は第3文型で用いられています。この場合は「去る」という意味です。

2番目の文は「名詞＋動詞＋名詞＋名詞」という品詞の並びですが、you と this cheese はイコールの関係にないので、第4文型です（p.61～62参照）。この場合の leave は「残しておく」という意味です。p.56のリストに leave があります。

3番目の文は「名詞＋動詞＋名詞＋形容詞」という並びなので、第5文型です（p.65参照）。第5文型で用いられた場合の leave は、「する」「しておく」という意味です。p.60の上のリストに leave があります。

このように多くの動詞は複数の文型で用いられ、それぞれの文型で意味が異なることが多いのです。このことも常に頭に入れておかなくてはなりません。ここで、p.58で見た次の文を思い出してください。

　　The king set the slaves free.（その王様はその奴隷たちを自由にした）

皆さんにとって、set という動詞は、たとえば「髪をセットする」というように、第3文型で用いられるものかもしれません。もちろん第3文型で用いられることが最も多いのですが、上のように、第5文型で用いられることもあるのです。そしてその場合は「する」という意味になります。

❹ 自動詞と他動詞

さて、ここで2つの文法用語を知ってください。次のものです。

> 自動詞…第1文型、第2文型で用いられる動詞
> 他動詞…第3文型、第4文型、第5文型で用いられる動詞

　このことを知っておけば、英和辞典で動詞を引いた時に、その動詞が複数の文型で用いられるものかどうかが、おおまかにわかります。

　なぜなら、英和辞典には、その動詞が自動詞なのか他動詞なのかが載っているからです。自動詞には自というマークが、他動詞には他というマークがついています。

　たとえばdisappearという動詞を引くと、まずは動のマークがあり、次に自のマークがあります。そして他のマークはありません。すると、この動詞は第1文型か第2文型でしか用いられないものだということがわかります。第2文型で用いられるのは、原則としてbe動詞なので、このdisappearという動詞は、第1文型のみで用いられるとわかります。

　一方、raiseという動詞を引くと、まずは動のマークがあり、次に他のマークがあります。そして自のマークはありません。ということは、この動詞は第3文型か第4文型か第5文型でのみ用いられるということです。辞書で意味と用例、例文を見ればわかりますが、この動詞は第3文型でしか用いられません。

　ちなみに、多くの動詞に両方のマークがあります。たとえば、先ほど見たstopという動詞を引くと、動のマークの後に他のマークがあり、他動詞としての訳が載っていますが、その下に自のマークがあり、自動詞としての訳も載っています。辞書を引くことにより、stopという動詞が、複数の文型で用いられるということが、はっきりとわかるのです。

　今後、辞書で動詞を引く場合は、自動詞なのか他動詞なのかも確認するようにしましょう。

練習問題

ここでは、3種類の問題に挑戦しましょう。英和辞典を使ってもかまいません。

問題1　次の下線部の語の品詞を答えましょう。そして文を訳してください。

(1) Tom bought a new phone yesterday.

(2) She phoned her mother.

(3) We lighted a candle.

(4) The light was too strong.

(5) This towel is clean.

(6) She cleaned her teeth.

問題2　次の文の文型を答えましょう。そして、文を訳してください。

(1) The rock moved.

(2) We moved the desk.

(3) The man called me.

(4) The man called me Bob.

問題3　次の単語を辞書で引き、A（自動詞のみのもの）、B（他動詞のみのもの）、C（自動詞かつ他動詞のもの）のいずれかを答えましょう。

(1) break　(2) drop　(3) jump　(4) sell　(5) drink

79

[解答1] (1) [品詞]名詞　　[訳]昨日トムは新しい電話を買った。
　　　　(2) [品詞]動詞　　[訳]彼女は母親に電話をした。
　　　　(3) [品詞]動詞　　[訳]私たちはろうそくに火をつけた。
　　　　(4) [品詞]名詞　　[訳]その光はあまりに強かった。
　　　　(5) [品詞]形容詞　[訳]このタオルはきれいだ。
　　　　(6) [品詞]動詞　　[訳]彼女は歯をきれいにした→彼女は歯を磨いた。

[解説]　(1)のboughtはbuy（買う）の過去形です。buyは不規則変化動詞です。
　　　　(6)の問題文にあるteethはtoothの複数形です。p.25で扱いました。

[解答2] (1) [文型]第1文型　　[訳]その岩が動いた。
　　　　(2) [文型]第3文型　　[訳]私たちはその机を動かした。
　　　　(3) [文型]第3文型　　[訳]その男が私を呼んだ。
　　　　(4) [文型]第5文型　　[訳]その男は私をボブと呼んだ。

[解答3]　(1) C　(2) C　(3) C　(4) C　(5) C

[解説]　英語の基本的な動詞のほとんどのものが、「自動詞かつ他動詞」なのです。

第6講ここまで

CHAPTER 13 ぼくはこの森に住んでるんだ。——前置詞

1 前置詞とは何か

　第11章では、副詞という新しい品詞が登場しました。この章でも新しい品詞を見ます。それは前置詞というものです。多くの前置詞は、in, on, at, to, for, withなど、とても短い語です。

　前置詞については、まず、次のことを知ってください。

> 前置詞+名詞 → セットで修飾語になる。

　前置詞の後ろには名詞が置かれます。そして、「前置詞＋名詞」でひとまとまりの修飾語になるのです。

　ちなみに、前置詞に似たものが日本語にもあるので、まずはこれを見ることにしましょう。日本語の話を出発点にすれば、前置詞は理解しやすくなります。

　次の2文を見てください。

> （1）　彼は美しいイスを買った。
> （2）　彼は木のイスを買った。

　（1）の文では、「美しい」という1つの語が、名詞の「イス」を修飾しています。一方、（2）の文では、「木」と「の」のセットが「イス」を修飾しています。

　次に、以下の文を見てください。

> （3）　彼はゆっくり泳いだ。
> （4）　彼は川で泳いだ。

　（3）の文では「ゆっくり」という1語が、動詞の「泳いだ」を修飾しています。一方、（4）の文では、「川」と「で」のセットが「泳いだ」を修飾しています。

　これらの「の」や「で」のような言葉は「助詞」と呼ばれます。他にも「と」「から」「まで」「に」なども助詞です。

　前置詞は、この助詞に似たものなのです。上で示した通り、前置詞も名詞とセットではたらきます。ただ、助詞とは反対に、前置詞は名詞の前に置かれます（名詞の前に置かれるから「前置詞」と呼ばれるのです）。

次に、以下のことを知ってください。

> 「前置詞＋名詞」は、名詞、動詞、形容詞を修飾する。

これよりそれぞれの例を見ていきますが、その前に、前置詞の代表例を眺めることにしましょう。

❷ 前置詞の代表例

前置詞の代表例をあげます。ざっと目を通してみてください。なお、このリストの和訳は、あくまでも基本の訳です。ここからさらに工夫して訳さなければならない例も数多くあります。

> **about**（〜について）
> **after**（〜の後に）
> **at**（〜で、〜に）
> **before**（〜の前に）
> **by**（〜によって、〜までに）
> **during**（〜の間）
> **for**（〜の間、〜のために、〜にとって、〜に対して）
> **from**（〜から）
> **in**（〜の中に、〜で、〜に）
> **into**（〜の中に、〜に）
> **like**（〜のように）
> **of**（〜の、〜に関して、〜のうち、〜で、〜に）
> **on**（〜の上で、〜に接して、〜に関して）
> **over**（〜の上に、〜に関して）
> **since**（〜以来）

> till（～まで）
> to（～に、～に対して、～まで）
> under（～の下に、～のもとで）
> until（～まで）
> with（～といっしょに、～で、～に関して）
> without（～なしで）

likeがあることが意外だったかもしれません。likeは「動詞のみ」という感じがするのですが、前置詞でもあるのです。

❸ 名詞修飾語としてはたらく「前置詞＋名詞」

例文に入ります。まずは、「前置詞＋名詞」が名詞を修飾する例です。

「前置詞＋名詞」の部分に下線をつけます。そして、これによって修飾される名詞を斜体にします。

———— 🔊 20 − ①
> I am a *fan* of Candies.（僕はキャンディーズのファンだ）
> Lisa read a *letter* from Bob.（リサはボブからの手紙を読んだ）
> The *bag* on the table is very expensive.
> 　（テーブルの上のバッグはとても高価なものだ）

「前置詞＋名詞」は、すべて直前の名詞を修飾しています。

「前置詞＋名詞」を訳す順序については、次の点に注意してください。

> 「名詞 → 前置詞」の順に訳す。つまり、後ろから訳す。

これらの文でも、最初の例では「のキャンディーズ」ではなく「キャンディーズの」と訳しています。2番目の例では「からのボブ」ではなく「ボブからの」、3番目も同じです。確認してください。

❹ 動詞修飾語としてはたらく「前置詞＋名詞」

次に、動詞修飾語としてはたらく例を見ましょう。

🎧 20 − ②

Bob *put* the bag <u>on the table</u>.（ボブはそのバッグをテーブルの上に置いた）
Koji *lives* <u>in Asahikawa</u>.（浩二は旭川に住んでいる）
Tom often *goes* <u>to the park</u>.（トムはよくその公園に行く）
Mickey Mouse *escaped* <u>from Disneyland</u>.
（ミッキーマウスがディズニーランドから脱走した）

いずれも下線部は、前にある動詞（put, lives, goes, escaped）を修飾しています。なお、このputは過去形です。原形もputです。putは原形と過去形が同じ形なのです。すでに扱ったreadやsetと同じです。

以下は「前から後ろへの修飾」の例です。

🎧 20 − ③

<u>After breakfast</u>, Meg *danced*.（朝食の後、メグは踊った）
<u>At the bookstore</u>, I finally *found* my book.
（その本屋で、僕はついに自分の本を見つけた）

文頭にある「前置詞＋名詞」が、後ろにある動詞（danced, found）を修飾しています。

5 形容詞修飾語としてはたらく「前置詞＋名詞」

次は「前置詞＋名詞」が形容詞を修飾する例を見ましょう。下線部が直前の形容詞（斜体部分）を修飾しています。

> 🎧 20 － ④
>
> **They are *kind* to Meg.**
> （彼らはメグに対して親切だ → 彼らはメグに親切にしてあげる）
>
> **My mother was *angry* with Tom.**
> （母はトムに関して腹を立てていた → 母はトムに腹を立てていた）

最初の文では to Meg が、直前の形容詞 kind（親切な）を修飾しています。2番目の文では with Tom が、直前の形容詞 angry（怒っている）を修飾しています。

6 前置詞を訳す際の注意点

次の2つの文を見てください。

> **Lisa read a *letter* from Bob.**（リサはボブからの手紙を読んだ）
> **I *heard* the news from Bob.**（私はそのニュースをボブから聞いた）

ともに from Bob という「前置詞＋名詞」がありますが、修飾する品詞が異なります。最初の例は名詞を修飾するので「ボブからの」と訳し、2番目の例は動詞を修飾するので「ボブから」と訳しています。「前置詞＋名詞」がどの品詞を修飾するかによって、このように訳し方が少し異なることが多いものです。よって、どこを修飾しているかを見抜いたうえで、自然な訳になるように工夫します。

また、同じ品詞を修飾している場合でも、訳が異なることがあります。

次のような例です。

　I *danced* on the table.（私はテーブルの上で踊った）

　Bob *put* the bag on the table.（ボブはそのバッグをテーブルの上に置いた）

ともにon the tableという「前置詞＋名詞」が含まれています。そしていずれも動詞を修飾しています。ところが最初の文では「テーブルの上で」と訳し、2番目の文は「テーブルの上に」と訳しています。訳が同じではないのです。文ごとに自然な訳になるように工夫します。

7　前置詞の後ろの名詞の形に関する注意点

前置詞を用いる際に、注意すべきことがあります。

> I, we, he, she, theyを前置詞の後ろで用いる場合は、目的格に変化させなくてはならない。

目的格とは、me, us, him, her, themのことです（p.52参照）。

　具体例を見ましょう。以下のうち、左側のものは誤った表現です。右のように変化させなくてはなりません。

［誤］for I	［正］for me
［誤］with we	［正］with us
［誤］to he	［正］to him
［誤］from she	［正］from her
［誤］after they	［正］after them

例文の中でも見てみましょう。

> 🔊 20-⑤
>
> Tom made this chair for me.（トムはこのイスを私のために作った）
> The rabbit danced with us.（そのウサギは私たちと踊った）
> I sent a letter to him.（私は彼に手紙を送った）
> I heard the story from her.（私はその話を彼女から聞いた）
> We sang after them.（私たちは彼らの後に歌った）

　4番目の文のheardはhear（聞く）の過去形です。hearは不規則変化動詞です。発音は「ヒアード」ではなく「ハード」です。発音もCDで確認してください。

　最後の文のsangはsing（歌う）の過去形です。singも不規則変化動詞です。

⑧ 前の部分とセットで記憶すべき前置詞

　前置詞のofについては、前にある語とのまとまりで記憶すべき表現があります。代表例は次のものです。

> a lot of ~（多くの~）
> a kind of ~（一種の~）

例文を見ましょう。

> 🔊 20-⑥
>
> The singer has a lot of money.（その歌手は多くのお金を持っている）
> John bought a lot of apples yesterday.
> 　（昨日ジョンはたくさんのリンゴを買った）
> This is a kind of camera.（これは一種のカメラだ）
> That is a kind of car.（あれは一種の車だ）

練習問題

練習問題に入ります。ここでは穴埋め問題に挑戦しましょう。まずはヒントなしで挑戦し、難しい問題はp.83～84のリストを見ながら考えてください。

[問題1] 次のカッコ内に適切な前置詞を入れて、英文を完成させましょう。

(1) I danced (　　　) Lisa.（私はリサと踊った）

(2) We slept for two hours (　　　) lunch.（私たちは昼食の前に2時間眠った）

(3) I met my wife (　　　) this hospital.（僕はこの病院の中で妻と出会った）

(4) They came (　　　) Japan.（彼らは日本に来た）

(5) The cat (　　　) the table is Tama.（テーブルの下のネコはタマだ）

(6) This is a work (　　　) you.（これは君のための仕事だ）

[問題2] カッコ内にある語を並べ替えて、文を作ってください。単語は形を変えなくてはならない場合があります。

(1) 私たちはその公園で多くのオオカミを見た。

　　（park ／ wolf ／ of ／ lot ／ we ／ saw ／ a ／ in ／ the）.

(2) これは一種の船だ。

　　（this ／ kind ／ a ／ ship ／ of ／ is）.

[解答1]　(1) with　(2) before　(3) in　(4) to　(5) under
　　　　(6) for

[解説]　(2)のsleptはsleep（眠る）の過去形です。sleepは不規則変化動詞です。(5)は少し難しかったかもしれませんが、「アンダースローのピッチャー」「サッカー日本代表アンダー23」のように、underという語は私たちが日々よく耳にする言葉です。

[解答2]　(1) We saw a lot of wolves in the park.
　　　　(2) This is a kind of ship.

[解説]　それぞれ、a lot ofとa kind ofが組み立てられたかが勝負。これらはp.88で扱いました。(1)ではwolfを複数形にします。wolfの複数形はwolfsではなくwolvesでした（p.24参照）。in the parkは文頭に置くことも可能です。

第7講ここまで

CHAPTER 14 ぼくはここだよ！──be動詞のもう1つの意味

1 第1文型で用いられるbe動詞

第2文型のところでbe動詞を扱いました。これは「〜である」「〜だ」「〜です」という意味でしたが、be動詞には、他にも「ある」「いる」という意味があります。例文を見ましょう。

> They <u>are</u> in the yard now. （彼らは今、庭にいる）
> I <u>was</u> in Sendai last night. （昨日の夜、私は仙台にいた）
> Tom's bag <u>is</u> on the table. （トムのバッグはテーブルの上にある）

これらの文のように、「主語＋be動詞」の後ろに「前置詞＋名詞」がある場合や、上のイラストのように副詞（hereは「ここで」という意味の副詞です。

p.70で扱いました)がある場合は、be動詞は「ある」「いる」という意味になります(be動詞が過去形の場合は「あった」「いた」という意味です)。

ちなみに、これらの文は第1文型です。先頭の名詞が主語で、次のbe動詞が述語であり、その後ろの部分はすべて、be動詞を修飾する修飾語です。

be動詞の使い分け方は、第2文型の場合と同じです。つまり主語が何であるかによって使い分けます。

このように、be動詞を用いて「～がある(あった)」「～がいる(いた)」という意味の文を作ることができるのですが、これらの文は、それぞれ「彼らはどこにいるの?」「あなたは昨日の夜はどこにいたの?」「トムのバッグはどこにあるの?」と尋ねられた場合に用いるのにふさわしい文です。

❷ thereを使って「ある(あった)」「いる(いた)」を表す文

「～がある(あった)」「～がいる(いた)」という意味の文は、他にもう1つあります。相手からどこにあるか(いるか)を尋ねられたような場合ではなく、「～」の部分の情報を自分から述べる場合、つまり「～にはこんなものがあります」「～にはあんなものがありました」というようなことを述べる場合は、次のような型の文で表現します。

> There be動詞 ～.

thereという語はp.70で登場しました。これは「そこで」(あるいは「そこに」)と訳す副詞でした。ところが上のthereは訳しません。この点に注意してください。

例文を見ましょう。

> 🔊 23 − ②
>
> There <u>is</u> a dictionary on the desk.（机の上には辞書がある）
> There <u>are</u> three dogs in the yard.（庭には3匹の犬がいる）
> Last week, there <u>was</u> a festival in this town.（先週、この街でお祭りがあった）

be動詞は次のように使い分けます。

> 用いるbe動詞は、その後ろの名詞によって決まる。どれを用いるかは、第2文型の場合と同じである。

　このことは上の文で確認できます。最初の文ではbe動詞の後ろにある名詞が単数形のa dictionaryなので、be動詞はisを用いています。
　2番目の文では複数形のdogsなのでareを用いています。
　3番目の文は過去の話で、be動詞の後ろが単数形のa festivalなのでwasを用いています。
　最後に1つ、注意をしておきます。p.75で詳しく見たtheseという語と、ここで扱ったthereという語を混同する人が多いようです。念のために、この2語の訳をまとめておきます。

these	「これらの」（形容詞）
	「これら」（名詞）
there	「そこで」「そこに」（副詞）
	※There be動詞 〜. という型の文では訳さない。

> 練習問題

ここでは「訳さない there」を使った文に慣れましょう。

[問題] 次の文を英訳しましょう。すべて there で始めてください。また(4)では lot という語を使ってください。和英辞典を用いてもかまいません。

(1) あのテーブルの上に2つの腕時計がある。
(2) この箱の中に1つリンゴがある。
(3) この机の下に1匹のネコがいた。
(4) あの池の中には多くのカエルがいた。

[解答] (1) There are two watches on that table.
(2) There is an apple in this box.
(3) There was a cat under this desk.
(4) There were a lot of frogs in that pond.

[解説] (1)のwatchesをwatchsとしてしまったかもしれません。watchはchで終わるので、複数形にする場合はp.23の①の規則があてはまり、watchesとなります。
(3)はunderを用いることを思いつかなかったかもしれません。underはp.84のリストにあります。p.89でも登場しました。
(4)のa lot ofはp.88で扱いました。

CHAPTER 15 ハチに刺された。──受動態

（吹き出し：I was stung by a bee.）

1 相手がいる（他のものがある）行動と、そうでない行動

人の行動は、次の2つに分けることができます。

（1）相手がおらず、他の物もなく、1人で何かをする。
（2）他の人や、他の物に対して何かをする。

1人で走ったり止まったり、あくびをしたり、くしゃみをするのが（1）の例です。だっこしたり、おんぶしたり、運んだり、しまったりするのが（2）の例です。ここでは（2）の場合について、これまでに扱ってこなかった文を見ていきます。

2 「される側」を主語にした文

これまでに多くの文を見てきましたが、すべて(1)の文や、(2)の場合の「する側」を主語にした文でした。ところが(2)の「される側」を主語にした文もあるのです。そのような文を「受動態（じゅどうたい）」といいます。

3 受動態の形と意味

英語の受動態は、最初のイラストで見た、次のような文です。

I was stung by a bee.（ハチに刺された）

英語の受動態の形と意味は、次のようにまとめられます。

[形]
- 「名詞＋be動詞＋一般動詞」という形である。
- be動詞は現在形(am, is, are)か過去形(was, were)で用いる。
- 一般動詞は過去分詞形（かこぶんしけい）という形で用いる。
  ※「する側」を述べたい場合は「by ～」を加える。これは「～によって」「～から」「～に」などと訳す。なお、byは前置詞である（p.83のリスト参照）。

[意味]
- be動詞が現在形であれば、「～される」または「～されている」という意味をもつ。
- be動詞が過去形であれば、「～された」または「～されていた」という意味をもつ。

be動詞はここでも用いられるのです。be動詞の使い分け方は、やはり第2文型の場合と同じです。

❹ 過去分詞形

さて、ここではじめて「過去分詞形」という形が出てきました。過去分詞形とは、動詞の形の1つです。動詞の形はこれまでに、「原形」「現在形」「過去形」の3つが登場しましたが、「過去分詞形」という形もあるのです（ちなみにp.32で述べた通り、動詞の形は全部で6つです）。

過去分詞形は、過去形と名前が似ていますが、形も似ています。過去分詞形についてはまず、次のことを知ってください。

> （1）原則として、過去分詞形は過去形と同じ形である。つまり、動詞の語尾に-edが加わった形である。
> （2）過去形にあてはまる3つの「例外の規則」（p.42参照）が、過去分詞形にもあてはまる。
> （3）不規則変化動詞は、過去分詞形も不規則な形になる。

いくつか過去分詞形を見ましょう。

kickの過去分詞形	→ kicked	※原則通り
pushの過去分詞形	→ pushed	※原則通り
tie（結ぶ）の過去分詞形	→ tied	
※eで終わるので「例外の規則」の①があてはまる。		
bury（埋める）の過去分詞形	→ buried	
※「子音+y」で終わるので「例外の規則」の②があてはまる。		
stop（止まる、止める）の過去分詞形	→ stopped	
※「1母音+1子音」で終わる動詞で、その母音を強く発音するので、「例外の規則」の③があてはまる。		

(3)については詳しく説明します。不規則変化動詞は、過去形だけでなく、過去分詞形も不規則な形になるのですが、この形には注意が必要です。次の2つのパターンがあるのです。

> [A] 過去分詞形が、過去形と同じ形であるもの
> [B] 過去分詞形が、過去形と異なるもの

たとえばmakeは過去形がmadeですが、過去分詞形もmadeで同じです。一方、たとえばsteal（盗む）は過去形がstoleで、過去分詞形はstolenになります。2つが異なるのです。

よって、不規則変化動詞は「原形－過去形－過去分詞形」のセットでおぼえて、過去形と過去分詞形が同じかどうかを、確実に記憶する必要があります。

不規則変化動詞については、他にも知らなくてはならないことがあるのですが、不規則変化動詞の詳しい話は、最後の第39章で扱うことにします。

⑤ 例文

これより受動態の文を見ますが、その前に次のことを知ってください。

> 受動態の文にも、修飾語が加わることがある。

p.96のワクの中で、受動態の形を「名詞＋be動詞＋一般動詞」だと述べましたが、これはあくまでも最もシンプルな形です。実際には、いろいろな修飾語が加わることが多いものです。ちなみにp.96のワクの中の、※のところで示した「by～」も修飾語です。

では受動態の例文を見ましょう。

> 🎧 23 − ③
>
> **Jack is respected** *by his sons.*
> （ジャックは息子さんたちから尊敬されている）
>
> **Every morning, these gates are opened** *by her.*
> （毎朝、これらの門は彼女によって開けられる）

ともにbe動詞は現在形です。

最初の例のrespectedは、respect（尊敬する）の過去分詞形です。by his sonsは修飾語です。is respectedを修飾します。

2番目のopenedはopenの過去分詞形です。この文では文頭にevery morningという修飾語が加わっています。文末のby herも修飾語です。どちらの修飾語もare openedを修飾します。「毎朝、開けられる」のですし、また「彼女によって開けられる」のです。この文の主語は複数形（gates）です。よってbe動詞はareが用いられています。

by herの部分に注意してください。byは前置詞です。よってby she とするわけにはいきません。p.87で扱ったように、目的格のherを用いなくてはならないのです。

次に、be動詞が過去形である例を見ましょう。

> 23 − ④

The building was destroyed by a monster.
　（そのビルは怪物によって破壊された）
Tom's car was covered with a black sheet.
　（トムの車は黒いシートで覆われていた）
Mickey was caught at Maihama Station.
　（ミッキーは舞浜駅で捕獲された）
The boys were kicked by the cute cat.
　（その少年たちは、そのかわいいネコに蹴られた）

　最初の文のdestroyedは、destroy（破壊する）の過去分詞形です。

　2番目の文のcoveredは、cover（覆う）の過去分詞形です。with a black sheetはwas coveredを修飾します。この文では「by ～」が書かれていないので、誰によって覆われたのかはわかりません。

　3番目の文のcaughtは、catchの過去分詞形です。文末のat Maihama Stationは、was caughtを修飾します。この文にも「by ～」がありません。よって捕獲者は不明です。このような、「by ～」が書かれていない文は非常に多く見られます。大切なことなので繰り返します。

> 「by ～」の情報がない受動態の文はとても多い。

　ちなみに、これは日本語でも同じです。たとえば自分の自転車が盗難にあった場合などに、いちいち「僕の自転車が自転車泥棒に盗まれた」などとは言いません。また、「このアニメはスペインでもテレビ局員によって放映されている」というような文は不自然です。下線部を削除すれば自然な文になります。

　4番目の文のkickedは、kick（蹴る）の過去分詞形です。少年が複数い

るので、be動詞はwereが用いられています。

なお、受動態の文の要素は次の通りです。

> **受動態の文の要素**
> 名詞 ＋ be動詞 ＋ 一般動詞 … .
> 主語　　述語　　　述語

受動態では、述語が2つあるのです。

⑥「生まれた」の英訳

次の文を見てください。文中のbornは、bear（〜を生む）という語の過去分詞形です。

🎧 23−⑤

I was born in Kyoto.（私は京都で生まれた）
My parents were born in Fukui.（私の両親は福井で生まれた）

これらの文には「主語＋be動詞＋過去分詞形の動詞」があります。受動態の文です。日本語で「私は京都で生まれた」ということを述べる際に、「何かをされた」という受け身の意識は、まずありません。よって「Xが生まれた」という文を英語に訳す際に、受動態でX was/were bornと表現するという発想が、なかなか出てこないのです（「/」は「または」という意味の記号です）。

ぜひ「生まれた」を確実に英訳できるようにしてください。上の2つの文のうち、最初の文の地名を、自分が生まれた土地に変えて、文を丸暗記してください。自分自身に関する内容の文に変えれば、文はおぼえやすくなるものです。

7 英語の感情の表し方

受動態に関連させて、英語の感情の表し方の特徴を述べておきます。

> 英語では、感情を受動態で表すことが多い。

感情が起こる時には、何かの原因があります。他の何かによって感情は引き起こされるのです。ただ日本語では感情を述べる際に、受動態で表現するとはかぎりません。次の2文を見てください。

　私はその音に驚かされた。
　私たちは彼の才能に感心させられた。

このように受け身で表現することは、あまり多いとはいえません。それぞれ、次のように述べることのほうが多いはずです。

　私はその音に驚いた。
　私たちは彼の才能に感心した。

一方、英語では、感情は受動態で表現することが多いのです。この2文を英訳すると次のようになります。

I was surprised by the sound.

We were impressed by his talent.

どちらの文も受動態です。

上のsurprisedは過去分詞形です。「驚かせる」という意味の動詞surpriseの過去分詞形です。impressedも、やはり過去分詞形です。「感心させる」という意味の動詞impressの過去分詞形なのです。

改めて、この2つの文と訳を示します。

> 🎧 23 − ⑥
> I <u>was surprised</u> by the sound.（私はその音に驚いた）
> We <u>were impressed</u> by his talent.（私たちは彼の才能に感心した）

他の例も見ましょう。

> 🎧 23 − ⑦
> My mother <u>was shocked</u> by the news.（母はそのニュースにショックを受けた）
> They <u>were excited</u> by the game.（彼らはその試合に興奮した）

shockは「ショックを与える」という意味であり、exciteは「興奮させる」という意味です。よって、上のwas shocked，were excitedの部分を忠実に受け身として訳せば「ショックを与えられた」「興奮させられた」となります。ただ、ともに不自然なので、上のように訳します。

✏️ 練習問題

ここでは並べ替え問題を通じて、受動態の文を作ってみましょう。

[問題] カッコ内にある語を並べ替えて、文を作りましょう。単語は形を変えなくてはならない場合や、不要な1語が含まれている場合もあります。

（1）これらの絵は彼によって描かれた。
　　（by ／ were ／ these ／ he ／ paint ／ pictures）.
（2）僕のバッグがこの部屋で盗まれた。
　　（this ／ a ／ room ／ stolen ／ bag ／ my ／ was ／ in）.
（3）その少年は彼らによって救出された。
　　（by ／ rescue ／ they ／ the ／ boy ／ was）.

[解答] (1) These pictures were painted by him.
(2) My bag was stolen in this room.
(3) The boy was rescued by them.

[解説] (1)は、paintを過去分詞形のpaintedに変えます。byの後ろにも注意が必要になります。p.96、p.99で述べた通り、byは前置詞なので、by heという形は許されません。heを目的格のhimに変化させます。

(2)のstolenは、steal（盗む）の過去分詞形です。p.98で扱いました。aは不要になります。myもthisも、aとともに用いられることがないからです。p.28とp.30で扱いました。

(3)ではrescueを過去分詞形に変えます。eで終わるので、過去分詞形は-dを加えるのみです。p.42で示した「例外の規則」の①があてはまります。theyという語は、前置詞の後ろでは形を変えなくてはならない語です(p.87参照)。by themとします。

第8講ここまで

CHAPTER 16 今、野球の試合を観ているんだ。──進行形

1 進行形とは何か

まずは次の文を見てください。

（1）赤ちゃんがおもちゃを壊す。
（2）赤ちゃんがおもちゃを壊している。
（3）タマが寝た。
（4）タマが寝ていた。

(1)の文の「壊す」という動詞を「壊し」という形に変えて、その後ろに「ている」という言葉を加えると、「～の最中だ」という意味になります。これが(2)の文です。
　(3)の文の「寝た」の「た」を切り、後ろに「ていた」という言葉を加えると、「～の最中だった」という意味になります。これが(4)の文です。
　このような形の「最中」を表す文を「進行形」といいます。
　(2)のように、「今～している」という内容のものを「現在進行形」といい、(4)のように「～していた」という内容のものを「過去進行形」といいます。
　先ほどの例の通り、日本語で進行形を作るには、元の動詞の形を変えたうえで、その後ろに「ている」「ていた」という言葉を加えます。こうすることにより、私たちは簡単に進行形を作ることができますが、英語の進行形の作り方も似ています。そして、慣れればすぐに作れるようになります。
　英語の現在進行形と過去進行形をそれぞれ見ていきましょう。

❷ 現在進行形

まずは次の文を見てください。

They sleep.（彼らは眠る）

Meg drinks wine.（メグはワインを飲む）

これらの文を、それぞれ次の意味にすることを考えます。

彼らは眠っている。

メグはワインを飲んでいる。

つまり、現在進行形の文にしたいのです。現在進行形にするための手順は次の通りです。ここでもbe動詞が活躍します。

> 手順1　動詞の前に、現在形のbe動詞(am, are, is)を置く。
> 手順2　動詞をing形(アイエヌジー)にする。

　be動詞の使い分け方は、第2文型の場合と同じです。つまり主語によって決まります。
　さて、ここではじめて「ing形」という形が出てきました。これは「原形」「現在形」「過去形」「過去分詞形」に次ぐ、5つ目の動詞の形です。
　これについて説明しましょう。ing形とは、動詞の語尾に-ingを加えた形です。具体例を示します。

> walk〈原形〉　→　walking〈ing形〉
> read〈原形〉　→　reading〈ing形〉
> sing〈原形〉　→　singing〈ing形〉

　これはあくまでも原則です。ここにもやはり「例外の規則」があります。

> ing形の「例外の規則」
> ① 「子音＋e」で終わる語には、eを取り除いて-ingを加える。
> ② ieで終わる語には、ieをyに変えて-ingを加える。
> ③ 「1母音＋1子音」で終わる動詞で、その母音が強く発音する部分であれば、最後の子音を重ねて-ingを加える。

　具体例を見ましょう。まずは①です。

> change〈原形〉　→　changing〈ing形〉　(変える、変わる)
> dance〈原形〉　→　dancing〈ing形〉　(踊る)

107

次に②です。

> tie〈原形〉 → tying〈ing形〉 （結ぶ）
> die〈原形〉 → dying〈ing形〉 （死ぬ）

最後は③です。

> cut〈原形〉 → cutting〈ing形〉 （切る）
> stop〈原形〉 → stopping〈ing形〉 （止まる、止める）

では、現在進行形の例文を見ましょう。

> 🎧 26 - ①
> They are sleeping.（彼らは眠っている）
> Meg is drinking wine.（メグはワインを飲んでいる）
> I am reading your book now.（私は今、あなたの本を読んでいる）
> My sons are dancing on the stage.（息子たちがステージで踊っている）

なお、進行形になっても文型は変わりません。上の4つの文はそれぞれ第1文型、第3文型、第3文型、第1文型のままです。

3 過去進行形

次に、以下の文を見てください。

> Tom pushed the button.（トムがそのボタンを押した）
> They called your name.（彼らが君の名前を呼んだ）

これらの文を、次の意味にすることを考えましょう。

　トムがそのボタンを押していた。
　彼らが君の名前を呼んでいた。

つまり、過去進行形の文にしたいのです。そのためには、元の文に次の手順を加えます。

> 手順1　動詞の前に、過去形のbe動詞（was, were）を置く。
> 手順2　動詞をing形にする。

be動詞が過去形であるという点だけが、現在進行形を作る場合との違いです。be動詞の使い分け方は、第2文型の文と同じです。
過去進行形の例文を見ましょう。

◎ 26 − ②
> Tom was pushing the button.（トムがそのボタンを押していた）
> They were calling your name.（彼らが君の名前を呼んでいた）
> My grandfather was climbing a tree.（うちの爺さんが木によじ登っていた）
> My parents were swimming in the pond.（両親がその池で泳いでいた）

最後の文のswimmingは、swimのing形です。mを重ねていることに注意してください。p.107で示した「例外の規則」の③があてはまるのです。

第16章　今、野球の試合を観ているんだ。──進行形

109

練習問題

ここでは文を現在進行形、過去進行形に書き換えてみましょう。

問題 次の文を進行形にしましょう。また、完成した文を訳してください。

(1) I read a book.

(2) The lady dances.

(3) The boys skip.

(4) The lady danced.

(5) My parents planned a trip to Kobe.

解答 (1) I am reading a book.（私は本を読んでいる）

(2) The lady is dancing.（その女性は踊っている）

(3) The boys are skipping.（その少年たちはスキップをしている）

(4) The lady was dancing.（その女性は踊っていた）

(5) My parents were planning a trip to Kobe.
（両親は神戸への旅行を計画していた）

解説 (1)〜(3)は動詞が現在形なので、現在進行形にします。(4)と(5)は動詞が過去形なので、過去進行形にします。

(2)と(4)のdanceのing形は、p.107で示した通り、eを消したうえでingを加えます。

(3)は主語が複数形なのでareを用います。skipは、「1母音＋1子音」で終わる動詞で、その母音を強く発音するのでpを重ねます。

(5)のplanは、(3)のskipと同じ理由でnを重ねます。to Kobeの部分は「前置詞＋名詞」です。名詞のtripを修飾します。「神戸へ旅行」は不自然なので「神戸への旅行」と訳します。「神戸旅行」とすることも可能です。

be動詞の使い分けにはだいぶ慣れてきたことと思います。

第9講ここまで

□□□ 第10講スタート ・・・・・・・・・・ 予習 27 復習 28 例文朗読 29 ①〜⑩

CHAPTER 17

ぼくは車が運転できるんだよ。── 述語に will / can / may / must / should が加わった文

> I can drive a car.

① 助動詞

　前の章で、述語の部分にbe動詞が加わる様子を見ました。この結果、直後の動詞はing形に変わりました。

　さて、英単語の中には、それが加わることにより、後ろの動詞が原形になる言葉もあります。その代表例が、will, can, may, must, should です。これらは「助動詞」と呼ばれます。この章では助動詞を見ていきます。

　まずは、文に助動詞が加わった場合のイメージを示します。なお原形とは、辞書に見出し語として記載されている形のことです。p.32で扱いました。

111

> 主語　述語〈→ 原形に変化する〉 … .
> 　　　　↑
> 　ここに will, can, may, must, should が加わる。

それぞれを見ていきましょう。

2 will

will は次のように訳します。

> [will の訳]
> 　① 〜するつもりだ、〜しよう（意志、予定）
> 　② 〜だろう（推量）

例文を見ます。まずは①からです。

──────── 29 − ①

We will get the car.（私たちはその車を手に入れるつもりだ）
I will give you my watch.（君に僕の時計をあげよう）

次に②の例を見ます。

──────── 29 − ②

This will be our train.（これが私たちの → 私たちが乗る列車だろう）
You will be praised by your mother tonight.
（君は今晩、お母さんにほめられるだろう）

　これらの文については、will が加わる前の文も見てみましょう。それぞれの元の文は、次の通りです。

This is our train.

You are praised by your mother tonight.

　最初の文は第2文型の文で、2番目の文は受動態です。is, areの前にwillが加わることにより、is, areは原形のbeに変化します。be動詞の原形がbeであるということは、p.34で述べました。

3 can

　次はcanです。この助動詞は、次のように訳します。

[canの訳]
① 〜できる（可能）
② 〜してよい（許可）

まずは①の例から見ましょう。

🔊 29 − ③

Birds can fly.（鳥は飛べる）
Bob can talk with a cat.（ボブはあるネコと話ができる）

　最初の文のbirdは複数形になっています。空を飛べる鳥は1羽だけではないからです。

　2番目の文はa catとなっているので、ボブが話せるネコは1匹だけだとわかります。aという語は、この文のように「ある」と訳すこともあるのです。

　次に②の「〜してよい」の例を見ましょう。

> 🎧 29-④
> **You <u>can</u> use my car.**（僕の車を使っていいよ）
> **You <u>can</u> stay here for a week.**（ここに1週間滞在してよい）

いちいち「君は」と訳すと少し不自然になるので、youは訳しませんでした。

4 may

次はmayです。mayの訳は次の通りです。

> **[mayの訳]**
> 　〜かもしれない（推量）

例文を見ましょう。

> 🎧 29-⑤
> **Bob <u>may</u> have the key.**（ボブがそのカギを持っているかもしれない）
> **Your wife <u>may</u> be a spy for the USSR.**（君の奥さんはソ連のスパイかもしれない）

2番目の文は、第2文型の文にmayが加わった文です。be動詞は原形のbeになります。

5 must

次はmustです。mustの訳は次の通りです。

> **[mustの訳]**
> 　① 〜しなくてはならない（義務）
> 　② 〜に違_{ちが}いない（推量）

例を見ましょう。まずは①です。

---
29 - ⑥

You must buy a bicycle. （君は自転車を買わなくてはならない）
We must sell this house. （私たちはこの家を売らなくてはならない）

次に②の例を見ます。

---
29 - ⑦

He must be a genius writer. （彼は天才作家に違いない）
Tom must know my address. （トムは僕の住所を知っているに違いない）

最初の文は第2文型です。この文では名詞のgeniusが、直後の名詞writerを修飾しています。これはp.68で扱った「名詞による名詞修飾」の例です。

❻ should

最後はshouldです。shouldの訳は次の通りです。

[shouldの訳]
　〜するべきだ（義務）

例を見ましょう。

---
29 - ⑧

You should use this pen. （君はこのペンを使うべきだ）
You should help your son. （君は息子さんを助けるべきだ）

なお、助動詞が加わっても文型は変わりません。進行形になっても文型が変わらなかったのと同じです。

115

7 助動詞に関する縮約形

p.48で「主語＋be動詞」の縮約形を見ました（I'mやyou'reなどです）。縮約形には、「主語＋助動詞」を元にしたものもあります。ここでは最も代表的な「主語＋will」の縮約形を紹介します。

以下の内容は、復習のナビ音声に収録しますので、ぜひ音にも慣れてください。なお、5番目のitという語については第38章で扱います。

I will	→	I'll
you will	→	you'll
he will	→	he'll
she will	→	she'll

it will	→	it'll
we will	→	we'll
they will	→	they'll
that will	→	that'll

2つほど例文も見てみましょう。

── 29 ─ ⑨

I'll beat him!（彼を倒してやる！）
We'll support you.（私たちはあなたを援助するつもりです）

練習問題

練習問題に入ります。正しい助動詞を選ぶ練習をしましょう。

問題 以下のそれぞれの文のカッコ内に適切な助動詞を入れて、文を完成させてください。

(1) You (　　) choose Waseda.
（君は早稲田を選ぶべきだ）

(2) The typhoon (　　) hit this town.
（その台風はこの街を直撃するだろう）

(3) The man (　　) read French.
（その男性はフランス語が読める）

(4) I (　　) dance with Meg tomorrow.
（僕は明日、メグと踊るつもりだ）

(5) Your parents (　　) be beautiful.
（君のご両親は美しいに違いない）

(6) His wife (　　) be a witch.
（彼の奥さまは魔女かもしれない）

(7) We (　　) sleep on the floor tonight.
（私たちは今晩は床で眠らなくてはならない）

解答 (1) should　(2) will　(3) can　(4) will　(5) must　(6) may　(7) must

CHAPTER 18 この街には1週間滞在する予定です。 ── まとまりの助動詞 be going to

I'm going to stay in this town for a week.

① 「まとまりの助動詞」という考え方

まずは次の2文を見てください。

　今日は深夜まで働か<u>ざるをえない</u>。
　当分はクーラーなしで暮らさ<u>ざるをえない</u>。

　下線部の「ざるをえない」は、「ざる」と「を」と「え」と「ない」の4語から成り立っていますが、私たちがこの表現を用いる際には、もはや「4語だ」とは考えず、「ざるをえない」をひとまとまりでとらえています。そして、これを用いる際には、前の動詞の形を変えます。上でも「働く」を「働か」に変え、

「暮らす」を「暮らさ」に変えています。

　英語にも、このようなまとまりがあります。ここではそのうちの、最も代表的なものを学びます。

❷ be going to

　p.112でwillという助動詞を学びましたが、これと似た意味をもつ「まとまりの助動詞」にbe going toがあります。be going toについては、次のことを知ってください。

> ● これが加わると、直後の動詞は原形になる。
> ●「〜予定だ」「〜つもりだ」と訳す。

　beの部分は、実際にはam, are, is, was, wereのどれかが用いられます。現在のことについて述べる場合はam, are, isを用い、過去のことについて述べる場合はwas, wereを用います。使い分け方は、これまでと同じです。

　例文を見ましょう。

> 🔊 29 - ⑩

I am going to meet my daughter next week.
　（私は来週、娘に会う予定だ）

We are going to hold a party here tomorrow.
　（私たちは明日ここでパーティーを開く予定だ）

My husband is going to buy a car next month.
　（夫は来月、車を買うつもりだ）

My son was going to change his school.
　（息子は学校を変えるつもりだった）

The ladies were going to visit a museum in London.
　（その女性たちはロンドンで、ある博物館を訪れるつもりだった）

練習問題

練習問題に入ります。ここでは be going to を使った文を自分で作ってみましょう。和英辞典を用いてもかまいません。

[問題]　次の日本語を英語に訳しましょう。なお、必ず going という語を用い、各文の右に示された語数で表現してください。

（1）私たちは今晩、そのお医者さんに会う予定だ。[**8**]

（2）メグは来週、京都を訪れる予定だ。[**8**]

（3）母は美しい男性と結婚するつもりだった。[**9**]

（4）その少年たちは、昨日テニスをする予定だった。[**8**]

[解答] (1) We are going to meet the doctor tonight.
(2) Meg is going to visit Kyoto next week.
(3) My mother was going to marry a beautiful man.
(4) The boys were going to play tennis yesterday.

[解説] (3)のmarryについてはp.51の1行目で述べました。
時を表す言葉のtonight, next week, yesterdayは文頭に置くことも不可能ではありません。

第10講ここまで

| / | / | / | 第11講スタート | ……… | 予習 30　復習 31　例文朗読 32 ①〜② |

CHAPTER 19 あなたは女優さんですか。── yes-no 疑問文

1 平叙文と疑問文の関係

　ここまでに見てきた文は、すべて「平叙文(へいじょぶん)」と呼ばれるものです。平叙文は、自分が情報を与える文です。文には他にも「疑問文(ぎもんぶん)」と呼ばれるものがあります。疑問文は、相手に情報を求める文です。

　疑問文は、平叙文が変形したものだと考えることができます。次のイメージでとらえてください。

平叙文　→　変形　→　疑問文

122

❷ yes-no 疑問文

これより、平叙文が疑問文に変形する様子を見ていきますが、疑問文の代表例として、次のようなものがあげられます。

のび太とドラえもんは、尋（たず）ねられて No と答えています。疑問文の代表例の1つは、相手に yes（はい）か no（いいえ）かを尋ねるものです。このような疑問文を「yes-no 疑問文」といいます。「真偽（しんぎ）疑問文」とも呼ばれます。

これより、元の文（平叙文）を、yes-no 疑問文に変形させるという作業を行います。この際には、次の2つに分けて考えなくてはなりません。それぞれで手順が異なるからです。

> ［A］　文の中に be 動詞または助動詞がある場合
> ［B］　文の中に be 動詞も助動詞もない場合

［A］から見ていきます。

❸ 文の中にbe動詞または助動詞がある場合

具体例に入ります。be動詞または助動詞がある文をyes-no疑問文にするためには、次の手順を加えます。

> 手順　be動詞または助動詞を主語の前に出す。

これだけでOKです。ただし、疑問文の文末には、ピリオドではなく疑問符（「?」という記号）を置かなくてはなりません。

ではこの手順に従って、次の文をyes-no疑問文にしてみてください。

> **Tom is a doctor.**（トムは医者だ）

第2文型の文です。be動詞のisがあるので、これを主語のTomの前に出せば、yes-no疑問文が完成します。

> **Is Tom a doctor?**（トムは医者か）

次に進みます。以下の文をyes-no疑問文にしてください。

> **Meg was praised by Bob.**（メグはボブにほめられた）

受動態の文です。be動詞のwasがあるので、これを主語のMegの前に出せば疑問文が完成します。

> **Was Meg praised by Bob?**（メグはボブにほめられたのか）

次の例に進みます。この文をyes-no疑問文にしましょう。

> **Lisa is sleeping now.**（リサは今、寝ている）

進行形の文です。be動詞のisがあります。これをLisaの前に出せば疑問文が完成します。

> **Is Lisa sleeping now?**（リサは今、寝ているか）

次はどうでしょうか。

> **Ken's son can swim.**（ケンの息子は泳げる）

助動詞のcanがあります。これを主語のKen's sonの前に出します。

> **Can Ken's son swim?**（ケンの息子は泳げるか）

このように、[A]のパターンは、単にbe動詞や助動詞を主語の前に出せばいいだけなので、簡単にyes-no疑問文が作れるのですが、注意しなくてはならない例が2つあります。

1つはbe going toが含まれている文です。次の文を見てください。

> **John is going to meet Meg tomorrow.**（ジョンは明日、メグに会うつもりだ）

この文には、「まとまりの助動詞」のbe going toがありますが、このような文をyes-no疑問文にするには、先頭のbe動詞（この文ではis）だけを主語の前に出します。

完成する疑問文は次のようになります。

> **Is John going to meet Meg tomorrow?**（ジョンは明日、メグに会うつもりか）

125

注意が必要な例のもう1つは、次のような文です。

> **There is a key on the desk.**（その机の上に鍵がある）
> **There are two tomatoes in the box.**（その箱の中に2つのトマトがある）

これらはp.92で扱った「There＋be動詞＋名詞.」という型の文です。この型の文をyes-no疑問文にするには、be動詞をthereの前に出します。完成する疑問文は次のものです。

> **Is there a key on the desk?**（その机の上に鍵はあるか）
> **Are there two tomatoes in the box?**（その箱の中に2個のトマトがあるか）

なお、tomatoの複数形はtomatosではなく、-esを加えたtomatoesです。忘れていたらp.23で復習をしてください。

ここまでに作った文をまとめて見てみましょう。

🎧 32 −①

> <u>Is</u> Tom a doctor?（トムは医者か）
> <u>Was</u> Meg praised by Bob?（メグはボブにほめられたのか）
> <u>Is</u> Lisa sleeping now?（リサは今、寝ているか）
> <u>Can</u> Ken's son swim?（ケンの息子は泳げるか）
> <u>Is</u> John going to meet Meg tomorrow?（ジョンは明日、メグに会うつもりか）
> <u>Is</u> there a key on the desk?（その机の上に鍵はあるか）
> <u>Are</u> there two tomatoes in the box?（その箱の中に2個のトマトがあるか）

❹ 文の中にbe動詞も助動詞もない場合

次は[B]、つまり「文の中にbe動詞も助動詞もない場合」です。この場合は、少し面倒な手順になります。次の通りです。

> 手順1 文を「述語に do, does, did を加えた形」にする。
> 手順2 do, does, did を主語の前に出す。

「述語に do, does, did を加えた形」は、ここではじめて扱うものです。まずはこの形の作り方を説明しましょう。do, does, did の使い分けが重要になります。次の通りです。

- 文の動詞が現在形であれば do か does を加える。
  - -s, -es の加わっている現在形には does を加える。
  - -s, -es の加わっていない現在形には do を加える。
- 文の動詞が過去形であれば did を加える。
- does, did を加えた場合は、直後の動詞を原形にする。

では実際に、「述語に do, does, did を加えた形」を作ってみましょう。ここは中盤のヤマ場です。特に丁寧に読み進めてください。

I jump.
→ **I do jump.**
  ※jump には -s, -es が加わっていないので、do を加える。

Bob swims.
→ **Bob does swim.**
  ※swims には -s が加わっているので、does を加える。そして swims を原形の swim にする。

She has a beautiful car.
→ **She does have a beautiful car.**
  ※has には -s が加わっているので、does を加える。そして has を原形の have にする。

She danced.
→ **She did dance.**
　　※dancedが過去形なのでdidを加える。そしてdancedを原形のdanceにする。

We like the singer.
→ **We do like the singer.**
　　※likeには-s, -esが加わっていないので、doを加える。

He goes to Osaka.
→ **He does go to Osaka.**
　　※goesには-esが加わっているので、doesを加える。そしてgoesを原形のgoにする。

They love dogs.
→ **They do love dogs.**
　　※loveには-s, -esが加わっていないので、doを加える。

He sent her a letter.
→ **He did send her a letter.**
　　※sentが過去形なのでdidを加える。そしてsentを原形のsendにする。

You have a good voice.
→ **You do have a good voice.**
　　※haveには-s, -esが加わっていないので、doを加える。

　ここでもう一度、p.127で示した2つの手順を見てください。これをイメージ図にすると次のようになります。

```
主語      動詞〈現在形／過去形〉….
     │
     │   do, does, did を加える（手順1）
     ↓
↱ 主語  do, does, did  動詞〈原形〉….
│         do, does, did を主語の前に出す（手順2）
```

では具体例に進みます。p.127の手順に従って、次の文をyes-no疑問文にしてみてください。

> **John likes dogs.** （ジョンは犬が好きだ）

まずは、likesをdoes likeにします。そしてdoesをJohnの前に出します。これで完成です。

> **Does John like dogs?** （ジョンは犬が好きか）

次は以下の文です。

> **They know my name.** （彼らは僕の名前を知っている）

まずはknowをdo knowにします。そして、このdoをtheyの前に出せば完成です。

> **Do they know my name?** （彼らは僕の名前を知っているのか）

次です。

Bob touched the wolf.（ボブはそのオオカミに触った）

まずは touched を did touch とします。そのうえで did を Bob の前に出せば完成します。

Did Bob touch the wolf?（ボブはそのオオカミに触ったのか）

ここで作った3つの文をまとめて見てみましょう。

> 32-②
>
> <u>Does</u> John like dogs?（ジョンは犬が好きか）
> <u>Do</u> they know my name?（彼らは僕の名前を知っているのか）
> <u>Did</u> Bob touch the wolf?（ボブはそのオオカミに触ったのか）

練習問題

ここでは平叙文を yes-no 疑問文にする練習をします。

[問題] 次の平叙文を yes-no 疑問文にしましょう。

(1) Ted lives in this town.（テッドはこの町に住んでいる）

(2) Meg's father is a singer.（メグのお父さんは歌手だ）

(3) I love Lisa.（僕はリサが好きだ）

(4) Jack has the picture.（ジャックがその絵を持っている）

(5) There is a bag in the box.（その箱の中にバッグがある）

(6) The students like physics.（その学生たちは物理が好きだ）

(7) She knows something.（彼女は何かを知っている）

(8) This insect can fly.（この昆虫は飛べる）

(9) He is going to choose Sophia.（彼は上智大学を選ぶつもりだ）

(10) The bear kicked Tom.（そのクマがトムを蹴った）

(11) Bob will come here tonight.（ボブは今晩ここに来るだろう）

[解答] (1) Does Ted live in this town?
(2) Is Meg's father a singer?
(3) Do I love Lisa?
(4) Does Jack have the picture?
(5) Is there a bag in the box?
(6) Do the students like physics?
(7) Does she know something?
(8) Can this insect fly?
(9) Is he going to choose Sophia?
(10) Did the bear kick Tom?
(11) Will Bob come here tonight?

[解説] (9)では、be動詞だけを主語の前に出すということを忘れないようにしてください。

第11講ここまで

CHAPTER 20 誰がこの絵を描いたんだ？ ── who / what / which を用いた疑問文①

疑問文は、yes か no かを尋ねるものだけではありません。具体的な情報を尋ねるものもあります。具体的な情報を尋ねる疑問文の例を、まずは日本語で見てみましょう。

> 東海道新幹線が開通したのはいつですか。
> 王選手が最初にホームランを打った球場はどこですか。
> 第二次世界大戦が終わった時の日本の総理大臣は誰ですか。
> 夏のボーナスで何を買おうか。

これらの疑問には、「はい」「いいえ」では答えません。それぞれ、たとえば「1964年」「後楽園球場」「鈴木貫太郎」「ルームスイマー」というように、具体的な答えを出します。

　さて、具体的なことを尋ねる疑問文は、yes-no疑問文とは違い、作るための手順をたくさんおぼえなくてはなりません。代表的なものを、1つ1つ見ていくことにしましょう。

　ここでは、次の文の下線部を尋ねることを考えます。

> **Tom cried.**（トムが泣いた）
> **A tiger jumped on the horse.**（トラがその馬に飛びかかった）
> **Gold is better.**（金がより良い）　※金と銀を比べている。

　つまり、「誰が泣いたの？」「何がその馬に飛びかかったの？」「どちらが、より良いの？」ということを尋ねたいのです。

　下線部は、すべて主語です。文の主語を尋ねる文の作り方は次の通りです。

> 手順　尋ねたい部分をwhoかwhatかwhichに変える。

whoとwhatとwhichの使い分け方は、次の通りです。

> ● 尋ねる部分が人である場合　→　whoを用いる。
> ● 尋ねる部分が物事である場合　→　whatを用いる。
> ● 人でも物事でも、限られた範囲の中から尋ねる場合
> 　→　whichを用いる。

　ではこの手順に従って、上の3つの文を疑問文にしましょう。ここでも文の最後には「？」を置きます。

> **Tom cried.**（トムが泣いた）

Tomは人なので、これをwhoに変えれば疑問文が完成します。

> **Who cried?**（誰が泣いたのか）

次の例に進みます。

> **A tiger jumped on the horse.**（トラがその馬に飛びかかった）

tigerは物なので、whatに変えれば完成です。

> **What jumped on the horse?**（何がその馬に飛びかかったの？）

3つ目です。

> **Gold is better.**（金がより良い）

どちらがより良いかを尋ねるのです。金と銀という、限られた2つのものから答えを選ぶので、whichを用います。

> **Which is better?**（どちらが、より良いの？）

完成させた3つの文をまとめて見てみましょう。

🔊 35 − ①

> **Who cried?**（誰が泣いたのか）
> **What jumped on the horse?**（何がその馬に飛びかかったの？）
> **Which is better?**（どちらが、より良いの？）

他の例も見ましょう。

> Bob came here yesterday.（昨日ボブがここに来た）
> → Who came here yesterday?（昨日誰がここに来たのか）
>
> Meg's watch was stolen.（メグの時計が盗まれた）
> → What was stolen?（何が盗まれたのか）
>
> Lisa is sleeping on my sofa.（リサが私のソファーで寝ている）
> → Who is sleeping on my sofa?（誰が私のソファーで寝ているの？）

練習問題

練習問題に入ります。ここでは主語を尋ねる疑問文を、自分でゼロから作ってみましょう。少し難しいかもしれませんが、すぐに答えを見ずに、しっかりと考えてください。考えれば考えるほど、正解の文がより強く記憶に残ります。和英辞典を使ってもかまいません。

[問題] 次の文を英訳しましょう。

(1) 誰がこのドアを開けたのか。
(2) 誰があのイスを作ったのか。
(3) 何がこの戦争を止めることができるか。
(4) 何が彼を変えたのか。

[解答] (1) Who opened this door?
(2) Who made that chair?
(3) What can stop this war?
(4) What changed him?

[解説] (2)のmadeに注意。「作る」という意味の動詞makeの過去形は、makedではなくmadeです（p.51参照）。

(3)では「できる」の意味を表す助動詞のcanを用いる必要があります。なお、このような文をいきなり作るのが難しければ、まずは次のように平叙文を用意すると作りやすくなります。

(1) X opened this door.（Xがこのドアを開けた）
(2) X made that chair.（Xがあのイスを作った）
(3) X can stop this war.（Xがこの戦争を止めることができる）
(4) X changed him.（Xが彼を変えた）

これらの文のXの部分を尋ねたのが、解答の文なのです。

CHAPTER 21 君は何者だ？──who / what / which を用いた疑問文②

具体的な情報を尋ねる文の2種類目に入ります。まずは次の3つの文を見てください。3番目の文は、トムの犬のジェフ（Jeff）と、ケンの犬のサム（Sam）を戦わせた結果を伝える文だと考えてください。

> **That lady is Lisa.**（あの女性はリサだ）
> **This is an eraser.**（これは消しゴムだ）
> **The winner of the battle was Sam.**（その戦いの勝者はサムだった）

すべて第2文型の文で、下線部は補語です。これらの下線部を尋ねることを考えます。つまり「あの女性は誰か」「これは何か」「その戦いの勝者はどっちだったのか」ということを尋ねたいのです。

尋ねたい部分が補語である場合は、尋ねるための手順が、次のように3つになります。

> 手順1 尋ねたい部分をwho, what, whichに変える。
> 手順2 who, what, whichを文頭に移動させる。
> 手順3 be動詞または助動詞を主語の前に出す。
> 文中にbe動詞も助動詞もない場合は、「述語にdo, does, didを加えた形」にして、do, does, didを主語の前に出す。

手順1 のwho, what, whichの使い分け方は、主語を尋ねる場合と同じです。

手順3 の「述語にdo, does, didを加えた形」は第19章で扱いました。では、上の手順に従って、それぞれの文を疑問文にしましょう。

> **That lady is Lisa.** (あの女性はリサだ)

まずはLisaをwhoに変えます（手順1）。次にwhoを文頭に移動させます（手順2）。最後にisをthat ladyの前に出します（手順3）。これで完成です。

> **Who is that lady?** (あの女性は誰か)

2つ目の例に移ります。

> **This is an eraser.** (これは消しゴムだ)

まずはan eraserをwhatに変えます(手順1)。次にwhatを文頭に移動させます(手順2)。最後にisをthisの前に出します(手順3)。

> **What is this?** (これは何か)

3つ目です。この文は、最初に述べた通り、トムの犬とケンの犬を戦わせた結果を伝える文でした。

> **The winner of the battle was Sam.** (その戦いの勝者はサムだった)

まずはSamをwhichに変えます(手順1)。「どちらか」を尋ねるのでwhichを用いるのです。次にwhichを文頭に移動させます(手順2)。最後にwasをthe winner of the battleの前に出します(手順3)。

> **Which was the winner of the battle?** (その戦いの勝者はどっちだったのか)

次に、以下の文を見てください。

> **She calls the man Tom.** (彼女はその男性をトムと呼ぶ)

この文の文型は何でしょうか。そして下線部の要素は、主語、述語、補語、目的語、修飾語のどれでしょうか。

この文はp.58で見た文です。第5文型です。下線部は補語です。第2文型の補語だろうと、第5文型の補語だろうと、尋ねる手順は同じです。

ではこの文を、前のページで示した手順に従って疑問文にしてみましょう。

まずはTomをwhatに変えます(手順1)。そしてこれを文頭に出します(手順2)。次にbe動詞か助動詞を主語の前に出したいのですが、この文に

はどちらもありません。よってcallsをdoes callとして、doesをsheの前に出します（手順3）。

> **What does she call the man?**（彼女はその男性を何と呼ぶのか）

ここまでに作った疑問文をまとめて見てみましょう。

> 🔊 35 — ②
>
> **Who** is that lady?（あの女性は誰か）
> **What** is this?（これは何か）
> **Which** was the winner of the battle?（その戦いの勝者はどっちだったのか）
> **What** does she call the man?（彼女はその男性を何と呼ぶのか）

他の例も見ましょう。

> **Her name is Ran.**（彼女の名前はランだ）
> 　→ **What is her name?**（彼女の名前は何か）
>
> **Bob's favorite singer is Miki.**（ボブのお気に入りの歌手はミキだ）
> 　→ **Who is Bob's favorite singer?**（ボブのお気に入りの歌手は誰か）
>
> **They will call me Sue.**（彼らは私をスーと呼ぶだろう）
> 　→ **What will they call me?**（彼らは私を何と呼ぶだろうか）

> 📝 **練習問題**

練習問題に入ります。ここでは、与えられた文の下線部を尋ねる練習をします。

[問題] 下線部を尋ねる疑問文を作りましょう。

(1) Lisa's only friend is <u>Mary</u>. (リサの唯一の友達はメアリーだ)
(2) That is <u>a battle ship</u>. (あれは戦艦だ)
(3) Margaret's father calls her <u>Meg</u>. (マーガレットのお父さんは彼女をメグと呼ぶ)
(4) They will name the dog <u>John</u>. (彼らはその犬をジョンと名づけるだろう)

[解答] (1) Who is Lisa's only friend?
(2) What is that?
(3) What does Margaret's father call her?
(4) What will they name the dog?

[解説] (3)だけは be 動詞も助動詞もないので、calls をまずは does call として、does を主語の前に出すという作業が必要になります。

念のため、各文の和訳を示します。
(1) リサの唯一の友達は誰か。
(2) あれは何だ。
(3) マーガレットのお父さんは彼女を何と呼ぶか。
(4) 彼らはその犬を何と名づけるだろうか。

CHAPTER 22 彼は何を作っているの? —— who / what / which を用いた疑問文③

具体的な情報を尋ねる疑問文の3つ目に入ります。まずは次の文を見てください。

> Tom met Meg yesterday.（トムは昨日メグに会った）
> Ken is eating an apple.（ケンはリンゴを食べている）
> Bob gave Lisa a ring.（ボブはリサに指輪をあげた）

最初の文は第3文型です。下線部は目的語です。動詞のmetはmeetの過去形です。

2番目の文は、現在進行形になっていますが、やはり第3文型です。下線部は目的語です。

3番目の文は第4文型です。第4文型では、動詞の後ろにある2つの名詞は、いずれも目的語でした（p.65参照）。よって、この文の下線部もやはり目的語です。動詞のgaveはgiveの過去形です。

さて、目的語を尋ねるための手順は次の通りです。

> 手順1　尋ねたい部分をwho, what, whichに変える。
> 手順2　who, what, whichを文頭に移動させる。
> 手順3　be動詞または助動詞を主語の前に出す。
> 　　　　文中にbe動詞も助動詞もない場合は、「述語にdo, does, didを加えた形」にして、do, does, didを主語の前に出す。

補語を尋ねる場合と同じです。

では、上の手順に従って、それぞれの文を疑問文にしましょう。

> **Tom met Meg yesterday.**（トムは昨日メグに会った）

まずはMegをwhoに変えます（手順1）。次にwhoを文頭に移動させます（手順2）。最後にmetをdid meetとして、そのうえでdidをTomの前に出します（手順3）。これで完成です。

> **Who did Tom meet yesterday?**（トムは昨日、誰に会ったのか）

2つ目の例に移ります。

> **Ken is eating an apple.**（ケンはリンゴを食べている）

まずはan appleをwhatに変えます（手順1）。次にwhatを文頭に移動させます（手順2）。最後にisをKenの前に出せば完成です（手順3）。

> **What is Ken eating?** (ケンは何を食べているのか)

3つ目です。

> **Bob gave Lisa a ring.** (ボブはリサに指輪をあげた)

まずはa ringをwhatに変えます（手順1）。次にwhatを文頭に移動させます（手順2）。最後にgaveをdid giveにして、didをBobの前に出します（手順3）。

> **What did Bob give Lisa?** (ボブはリサに何をあげたのか)

ここまでの3例をまとめて見てみましょう。

◎ 35 – ③

> **Who did Tom meet yesterday?** (トムは昨日、誰に会ったのか)
> **What is Ken eating?** (ケンは何を食べているのか)
> **What did Bob give Lisa?** (ボブはリサに何をあげたのか)

他の例も見ましょう。

> **Lisa bought a magazine.** (リサは雑誌を買った)
> → **What did Lisa buy?** (リサは何を買ったの？)
>
> **Yumi can make a hat with clay.** (ユミは粘土で帽子を作ることができる)
> → **What can Yumi make with clay?** (ユミは粘土で何を作ることができるの？)

> They respect Mr. Smith.（彼らはスミス氏を尊敬している）
> → Who do they respect?（彼らは誰を尊敬しているのか）
>
> Tom sent him a watch.（トムは彼に時計を送った）
> → What did Tom send him?（トムは彼に何を送ったのか）

これらの文の動詞のうち、boughtとsentが不規則変化動詞の過去形です。ともに、これまでに扱いました（boughtはp.79、sentはp.54）。

さてここで、5文型の知識の大切さを確認します。who, what, whichを用いて疑問文を作る時は、尋ねたい部分が主語である場合（第20章）と、補語、目的語である場合（第21章、第22章）で、疑問文の作り方が異なります。ということは、疑問文を作るためには、尋ねたい部分を見て、「これは主語だ」「これは補語だ」「これは目的語だ」ということがわからなければならないということです。5文型の知識があれば、主語と補語と目的語の区別がつきます。そして疑問文を正確に作ることができるのです。

ちなみに5文型の知識が必要なのは、この疑問文の部分だけではありません。これから先に学ぶ、いろいろなところで必要になります。5文型については、次の2つのことをぜひ実行してください。

- 可能な限り早く、p.64～65の表の内容を頭に入れる。
- 5文型以外の文型理論に基づいた学習は避ける。

p.64～65の表こそが、5文型の基本です。ぜひ、白紙に書けるほどの正確さでおぼえてください。

とにかく徹底的に「5文型」を大切にするよう心がけましょう。

練習問題

　目的語を尋ねる疑問文を作ってみましょう。ここでは「下線部を尋ねる」という形式ではなく、ゼロから自力で文を作ってみましょう。和英辞典を使ってもかまいません。

[問題]　次の文を英訳してください。なお、完成する文は、第3文型が4つ、第4文型が1つになります。

（1）　私たちはあのテントの中で何を買うことができますか。
（2）　ボブは何を描いているのですか。
（3）　あなたは昨日、誰に会いましたか。
（4）　私は何をするべきですか。
（5）　彼は彼女に何を送ったのですか。

[解答] (1) What can we buy in that tent?
(2) What is Bob painting?
(3) Who did you meet yesterday?
(4) What should I do?
(5) What did he send her?

[解説] (2)は、What is Bob drawing? でも正解です。筆で描くのではなく、ペンなどを使って線で絵を描くのは、paintではなくdrawです。辞書でdrawを引いてみてください。

(4)のshouldはp.115で扱いました。

(5)は第4文型です。herが「目的語1」で、文頭に出たwhatが「目的語2」です。念のために、それぞれの文の平叙文（元の文）を示します。

(1) We can buy X in that tent.
(2) Bob is painting X.
(3) You met X yesterday.
(4) I should do X.
(5) He sent her X.

これらの文のXの部分を尋ねたのが解答の文なのです。

この5つの問題は少し難しかったことと思います。ただ、手順を確認しながら何度も練習すれば、必ず疑問文を正確に作れるようになります。手順は多くても3つだけだからです。

第12講ここまで

CHAPTER 23 これは誰の帽子だ? ── whose / what / which を用いた疑問文

Whose hat is this?

具体的な情報を尋ねる文の4種類目に入ります。まずは次の文を見てください。

> **This is Tom's watch.**（これはトムの時計だ）
> **Meg chose this flower.**（メグはこっちの花を選んだ）
> ※メグは2つの花のどちらを買うかで迷っていた。choseはchooseの過去形。

それぞれの下線部を尋ねる疑問文を作ることを考えましょう。つまり「これは誰の時計か」「メグはどっちの花を選んだのか」ということを尋ねる文

を作りましょう。

　下線部は、直後の名詞を修飾しています。このような部分を尋ねるための手順は次の通りです。これまでよりも少し難しくなります。

> 手順1　尋ねたい部分をwhose，what，whichに変える。
> 手順2　「whose＋名詞」「what＋名詞」「which＋名詞」を文頭に移動させる。
> 手順3　be動詞または助動詞を主語の前に出す。
> 　　　　文中にbe動詞も助動詞もない場合は、「述語にdo，does，didを加えた形」にして、do，does，didを主語の前に出す。

　注意する点が2つあります。1つ目は、手順1で用いられる語です。これまではwho，what，whichの3つでしたが、ここではwhoではなくwhoseと、what，whichが用いられます。

　それぞれの意味は次の通りです。

> whose … 誰の
> what … 何の、どんな
> which … どちらの、どっちの

　もう1つの注意点は、手順2で移動させるものです。これらのwhose，what，whichは、直後の名詞とセットで前に出るのです。

　では、この手順に従って、先ほどの2つの文を疑問文にしていきましょう。

> This is Tom's watch.（これはトムの時計だ）

　まずはTom'sをwhoseに変えます（手順1）。次に「whose＋watch」を

文頭に移動させます（手順2）。最後にisをthisの前に出します（手順3）。

> **Whose watch is this?**（これは誰の時計か）

2つ目の例に移ります。

> **Meg chose this flower.**（メグはこっちの花を選んだ）

まずはthisをwhichに変えます（手順1）。次に「which + flower」を文頭に移動させます（手順2）。最後にchoseをdid chooseとして、didをMegの前に出します（手順3）。

> **Which flower did Meg choose?**（メグはどっちの花を選んだのか）

さて、面倒なことに、この「名詞修飾語としてはたらく部分を尋ねる疑問文」については、他にも記憶しなくてはならないことがあります。次のことです。

> 尋ねたい語によって修飾されている名詞が主語である場合は、手順1のみで疑問文が完成する。

次の文を見てください。

> **Bob's father came here.**（ボブのお父さんがここに来た）

下線部のBob'sの部分を尋ねることを考えます。この語は、直後のfatherを修飾していますが、このfatherは主語です。このような場合は、尋ねたい部分を変えるだけで疑問文が完成します。完成する文は次のものです。

> **Whose father came here?**（誰のお父さんがここに来たのか）

このように、疑問文の作り方が異なるので、次のことを忘れないようにしてください。

> 名詞修飾語としてはたらく部分を尋ねる場合は、尋ねたい語によって修飾されている名詞が、主語であるかないかを見抜かなくてはならない。

見抜いたうえで、それぞれの手順に従って疑問文を作るのです。
ここまでに作った3文をまとめて見てみましょう。

🔊 38 − ①

> **Whose** watch is this?（これは誰の時計か）
> **Which** flower did Meg choose?（メグはどっちの花を選んだのか）
> **Whose** father came here?（誰のお父さんがここに来たのか）

では、whose, what, which を用いた疑問文を、他にも見てみましょう。

> **Bob likes this color.**（ボブはこの色が好きだ）
>   → **What color does Bob like?**（ボブはどんな色が好きか）
>
> **Lisa will buy this ring.**（リサはこっちの指輪を買うだろう）
>   ※リサは2つの指輪で迷っている。
>   → **Which ring will Lisa buy?**（リサはどっちの指輪を買うだろうか）
>
> **Meg's car was stolen.**（メグの車が盗まれた）
>   → **Whose car was stolen?**（誰の車が盗まれたのか）

最後の文は受動態です。Meg'sによって修飾されているcarは主語です。よって、Meg'sをwhoseに変えるだけで疑問文が完成します。

これらの3つの疑問文もまとめましょう。

> 38 − ②
>
> **What color** does Bob like?（ボブはどんな色が好きか）
> **Which ring** will Lisa buy?（リサはどっちの指輪を買うだろうか）
> **Whose car** was stolen?（誰の車が盗まれたのか）

練習問題

では練習問題に入ります。ここでは、与えられた文の下線部を尋ねる練習をします。

[問題]　次の下線部を尋ねる疑問文を作りましょう。

(1) That is <u>John's</u> car.（あれはジョンの車だ）

(2) The man stole <u>Yumi's</u> bag.（その男はユミのバッグを盗んだ）

(3) <u>Tom's</u> mother carried this heavy stone.
　　（トムのお母さんがこの重い石を運んだ）

[解答]　(1) Whose car is that?
　　　　(2) Whose bag did the man steal?
　　　　(3) Whose mother carried this heavy stone?

[解説]　(2)のstoleはstealの過去形なので(p.98参照)、疑問文にする際には、did stealとしたうえで、didを主語の前に出します。
　　　　(3)は主語を修飾する部分を尋ねているので、手順1だけで完成します。carriedは、carry（運ぶ）の過去形です。yがiに変わっているのは、p.42の「例外の規則」の②があてはまるからです。
　　　　念のために、各文の和訳を示します。
　　　　(1) あれは誰の車か。
　　　　(2) その男は誰のバッグを盗んだのか。
　　　　(3) 誰のお母さんがこの重い石を運んだのか。

第13講ここまで

CHAPTER 24 きみはどこでこのモグラを捕まえたの？　where / when / why / how を用いた疑問文

(吹き出し: Where did you catch this mole?)

　具体的な情報を尋ねる疑問文の5つ目に入ります。まずは次の文を見てください。a lot of は p.88 で扱った表現です。

　　Tom caught a lot of birds. （トムはたくさんの鳥を捕まえた）

この文に関して、次のことを尋ねてみましょう。

> どこでトムはたくさんの鳥を捕まえたのですか。
> いつトムはたくさんの鳥を捕まえたのですか。
> なんでトムはたくさんの鳥を捕まえたのですか。
> どのようにトムはたくさんの鳥を捕まえたのですか。

つまり、与えられた文について、場所、時、理由、方法を尋ねたいのです。今回は、「文の中の下線が引かれた部分を尋ねる」という話ではありません。

この場合、疑問文を作る手順は次の通りです。

> 手順1　文頭にwhere, when, why, howを置く。
> 手順2　be動詞または助動詞を主語の前に出す。
> 　　　　文中にbe動詞も助動詞もない場合は、「述語にdo, does, didを加えた形」にして、do, does, didを主語の前に出す。

where, when, why, howの使い分け方は次の通りです。

> 場所を尋ねる場合　→　where（どこで、どんなところで）を用いる
> 時を尋ねる場合　　→　when（いつ、どんな時に）を用いる
> 理由を尋ねる場合　→　why（なぜ、なんで、どうして）を用いる
> 方法を尋ねる場合　→　how（どのように、どうやって、どんな方法で）を用いる

では、先ほど示した文の場所、時、理由、方法を尋ねる文を作ってみましょう。それぞれ、次のようになります。

> **Where** did Tom catch a lot of birds?
> 　（どこでトムはたくさんの鳥を捕まえたのですか）
>
> **When** did Tom catch a lot of birds?
> 　（いつトムはたくさんの鳥を捕まえたのですか）
>
> **Why** did Tom catch a lot of birds?
> 　（なんでトムはたくさんの鳥を捕まえたのですか）
>
> **How** did Tom catch a lot of birds?
> 　（どのようにトムはたくさんの鳥を捕まえたのですか）

caughtはcatchの過去形です。よって、まずはdid catchにしたうえで、catchをTomの前に出すのです。

他の例も見ましょう。下を隠して自分で疑問文を作ってみてください。

> **Meg will meet Bob.**（メグはボブに会うだろう）
> 　※どこで会うかを尋ねる。
>
> 　→ **Where will Meg meet Bob?**（メグはどこでボブに会うだろうか）
>
> **My daughter was sleeping.**（うちの娘は寝ていた）
> 　※どこで寝ていたかを尋ねる。
>
> 　→ **Where was my daughter sleeping?**（うちの娘はどこで寝ていたのか）
>
> **We can go home.**（私たちは家に帰れる）
> 　※いつ帰れるかを尋ねる。
>
> 　→ **When can we go home?**（私たちはいつ家に帰れるのか）
>
> **John will come here.**（ジョンはここに来るだろう）
> 　※いつ来るかを尋ねる。
>
> 　→ **When will John come here?**（いつジョンはここに来るだろうか）

Tom suddenly jumped.（トムは突然ジャンプした）
　※なぜジャンプしたかを尋ねる。

　→ Why did Tom suddenly jump?（なぜトムは突然ジャンプしたのか）

Meg was scolded by Lisa.（メグはリサに怒られた）
　※なぜ怒られたかを尋ねる。

　→ Why was Meg scolded by Lisa?（なぜメグはリサに怒られたのか）

The child opened this heavy door.（その子供がこの重いドアを開けた）
　※どうやって開けたかを尋ねる。

　→ How did the child open this heavy door?
　　（その子供はどうやってこの重いドアを開けたのか）

We can move this car.（僕たちはこの車を動かせる）
　※どうやって動かせるかを尋ねる。

　→ How can we move this car?（僕たちはどうやってこの車を動かせるだろうか）

ここで作った8つの文をまとめて見てみましょう。

🔊 41 − ②

Where will Meg meet Bob?（メグはどこでボブに会うだろうか）
Where was my daughter sleeping?（うちの娘はどこで寝ていたのか）
When can we go home?（私たちはいつ家に帰れるのか）
When will John come here?（いつジョンはここに来るだろうか）
Why did Tom suddenly jump?（なぜトムは突然ジャンプしたのか）
Why was Meg scolded by Lisa?（なぜメグはリサに怒られたのか）
How did the child open this heavy door?
　（その子供はどうやってこの重いドアを開けたのか）
How can we move this car?（僕たちはどうやってこの車を動かせるだろうか）

練習問題

where, when, why, how を用いた疑問文をゼロから作ってみましょう。ゼロから作るのは、やはり少し難しいかもしれませんが、しっかり考えてみてください。和英辞典を使ってもかまいません。

問題 次の文を英訳しましょう。

(1) どこで私はこのペンを買えますか。

(2) どこであなたは生まれたのですか。

(3) いつ彼はそのベンチを作ったのですか。

(4) なぜあなたは私に親切にしてくれるのですか。

(5) どうやって彼女はその箱を運んだのですか。

(6) どんな方法で私はあのネコを捕まえるべきか。

[解答] (1) Where can I buy this pen?
(2) Where were you born?
(3) When did he make the bench?
(4) Why are you kind to me?
(5) How did she carry the box?
(6) How should I catch that cat?

[解説] (1)は「買いますか」ではなく「買えますか」なので、助動詞のcanが必要になります。このcanを主語の前に出します。
(2)は受動態の文なので、be動詞を主語の前に出します。この問題は、p.101で扱った「生まれた」を思い出せれば正解を出せます。逆に言えば、これを思い出せなければ正しい文が作れません。p.101でI was born in 〜 .（〜の部分は自分の生まれた地名）という文を暗記するように言いましたが、きちんと暗記できていたかが、この問題を解くことで確認できたと思います。語学では、暗記という作業は、極めて大切なのです。
(4)も過去に扱った表現を思い出せたかが勝負になります。「〜に親切にする」は、p.86で扱っていますが、すっかり忘れていたかもしれません。忘れていたら、ここでしっかり記憶してください。
(6)も、(1)と同じように助動詞が必要になります。
念のために、where，when，why，howが加わる前の平叙文とその訳を示します。

(1) I can buy this pen.（私はこのペンを買える）
(2) You were born.（あなたは生まれた）
(3) He made the bench.（彼はそのベンチを作った）
(4) You are kind to me.（あなたは私に親切にしてくれる）
(5) She carried the box.（彼女はその箱を運んだ）
(6) I should catch that cat.（私はあのネコを捕まえるべきだ）

CHAPTER 25 あのビルはどれくらい高いの? ── howを用いて作るもう1つの疑問文

How
tall
is
that
building?

　この第25章が、具体的な情報を尋ねる疑問文の最後になります。まずは次の文を見てください。

　　That river is long.（あの川は長い）

　下線部の形容詞の程度を尋ねます。つまり「あの川はどれくらい長いのですか」「あの川の長さはどれくらいですか」ということを尋ねたいのです。

形容詞の程度を尋ねるための手順は、次の通りです。

> 手順1　尋ねたい形容詞の前にhowを置く。
> 手順2　「how＋形容詞」を文頭に移動させる。
> 手順3　be動詞または助動詞を主語の前に出す。
> 　　　　文中にbe動詞も助動詞もない場合は、「述語にdo, does, didを加えた形」にして、do, does, didを主語の前に出す。

手順2に注意してください。「how＋形容詞」はセットで文頭に出します。

ではこの手順に従って、先ほどの文を疑問文にしましょう。まずは、longの前にhowを置きます（手順1）。次に、「how long」を文頭に出します（手順2）。最後に、isをthat riverの前に出します（手順3）。これで完成です。

> **How long is that river?**（あの川はどれくらいの長さか）

他の例も見ましょう。下を隠して自分で疑問文を作ってみてください。

> **Tom is tall.**（トムは背が高い）
> 　※ tallの程度を尋ねる。
>
> 　→ **How tall is Tom?**（トムはどれくらいの背の高さか）
>
> ―――――――――――――――――――
>
> **Meg is busy.**（メグは忙しい）
> 　※ busyの程度を尋ねる。
>
> 　→ **How busy is Meg?**（メグはどれくらい忙しいか）

ここで作った文をまとめて見てみましょう。

> 🔊 41-③
>
> **How** long is that river?（あの川はどれくらいの長さか）
> **How** tall is Tom?（トムはどれくらいの背の高さか）
> **How** busy is Meg?（メグはどれくらい忙しいか）

✏️ 練習問題

練習問題に入ります。ここでもゼロから疑問文を作ってみましょう。

[問題] 次の文を英訳してください。

(1) あなたはどれくらい幸せですか。

(2) あなたの奥さんはどれくらい美しかったですか。

> [解答] (1) How happy are you?
> 　　　 (2) How beautiful was your wife?
>
> ....
>
> [解説] 元の平叙文は次の通りです。
> 　　　 You are <u>happy</u>.
> 　　　 Your wife was <u>beautiful</u>.
> 　　　 これらの下線部の程度を尋ねたのが、解答の文なのです。

第14講ここまで

CHAPTER 26 お箸(はし)を使いなさい！──命令文

1 命令文とは何か

　ここでは平叙文でもなく疑問文でもない、「命令文(めいれいぶん)」というものを見ていきます。

　「命令文」と聞くと、「何かを命じる場合に使われる文」と思うかもしれませんが、英語の命令文はそのような場合だけではなく、要求する場合、依頼(らい)する場合、勧誘(かんゆう)する場合などにも用いられます。命令文は使い道の多い文なのです。

2 命令文の形の特徴

命令文には次のような特徴があります。

> 主語がなく、原形の動詞で始まる。

ここで、第5章で述べた「英文の組み立てに関する特に大切な規則」を思い出してください。

それは「文頭に名詞（主語）と動詞（述語）がある」ということでした（確認したい場合はp.36に戻ってください）。主語がないという点で、命令文は非常に特殊な文なのです。

3 例文

具体例を見ましょう。

🎧 44 − ①

Meet Bob.（ボブに会いなさい）
Drink water.（水を飲みなさい）
Read this book.（この本を読んでみなよ）
Eat this apple.（このリンゴを食べなさい）
Be honest.（正直であれ）
Be kind to foreigners.（外国人に対して親切にしなさい）

最後の2つの文は、第2文型の文です。be動詞の原形はbeなので、第2文型の命令文は、beで始まることになります。

❹ Let's ～

命令文と関連させて、次の表現を知ってください。

Let's ～（～しよう）

勧誘をする際に用いられる表現です。命令文と意味が重なります。また「～」の部分には原形の動詞が置かれるのですが、原形の動詞が用いられるという点も命令文と同じです。

例文を見ましょう。

> 🎧 44 − ②
>
> Let's go to Matsue.（松江に行きましょう）
> Let's drink beer.（ビールを飲もう）

練習問題

練習問題に入ります。ここでは命令文と、Let's を用いた表現を作ってみましょう。

[問題]　次の文を英訳しましょう。(3)が難しければ、p.60にある4つの英文の中から動詞を選んでください。

(1) ゆっくり歩きなさい。

(2) これらのレポートを読みなさい。

(3) 君の部屋をきれいにしておきなさい。

(4) ここで泳ごう。

(5) あのステージで踊ろう。

[解答] (1) Walk slowly.
(2) Read these reports.
(3) Keep your room clean.
(4) Let's swim here.
(5) Let's dance on that stage.

[解説] (3)は第5文型です。p.60にI kept the beer cool.（僕はそのビールを冷やしておいた）という文があります。これをヒントに文を作ります。

なおp.60に、第5文型で用いられる動詞の代表例のリストがありますが、これらのうち、keepのみならずleaveにも「しておく」という訳があります。この2つの違いについて説明します。同じ「しておく」でも、keepは、何らかの作業をしたり注意するなどして、「〜の状態に保っておく」という意味です。一方、leaveは何もしません。「〜の状態のままに放っておく」という意味です。

部屋をきれいにしておくには、掃除をするなどの作業が必要です。よって、この問題ではkeepを用いるのです。

(5)はonが出てこなかったかもしれません。「ステージで」ということは「ステージの上で」ということだと考えられれば、onを用いることを思いつくはずです。

CHAPTER 27 何も見えないよ。── 否定文①（平叙文の否定文）

1 肯定文と否定文

　ここまで、平叙文、疑問文、命令文という3種類の文を見てきましたが、それぞれに肯定文と否定文があります。これらの関係は、野球にたとえるとわかりやすくなります。野球では1回に表と裏があり、2回にも表と裏があり、3回にも表と裏があります。これと同じように、平叙文には肯定文と否定文があり、疑問文にも肯定文と否定文があり、命令文にもまた、肯定

167

文と否定文があるのです。

　否定文とは、文中にnot（～ない）やnever（一度も～ない、決して～ない）などの、否定を表す言葉（これらを「否定語(ひていご)」といいます）がある文です。否定語がない文が肯定文です。

　ここまでに扱った文はすべて肯定文でした。これより否定文を見ていきましょう。

❷ 肯定文と否定文の関係

　否定文は、肯定文が変形したものだと考えることができます。次のイメージでとらえてください。

```
平叙文の肯定文  →  変形  →  平叙文の否定文
疑問文の肯定文  →  変形  →  疑問文の否定文
命令文の肯定文  →  変形  →  命令文の否定文
```

　この本では、notを用いた否定文を扱います。そして上の図のうち、「平叙文の否定文」と「命令文の否定文」の2つを扱うことにします。この章で「平叙文の否定文」を扱い、次の第28章で「命令文の否定文」を扱います。

　では、肯定文を否定文に変形させる作業を行っていきましょう。

❸ 平叙文の否定文(1)

　平叙文では、肯定文を否定文にする作業は、次の2つに分けて行わなくてはなりません。手順が異なるからです。

> [A]　文の中にbe動詞または助動詞がある場合
> [B]　文の中にbe動詞も助動詞もない場合

　「文の中にbe動詞または助動詞があるかどうか」で分けて考える必要があります。これは、平叙文をyes-no疑問文にする場合と同じです（p.123参照）。

　まずは[A]から見ていきましょう。この場合の手順は次の通りです。

> 手順　be動詞、助動詞の後ろにnotを置く。

　この手順をあてはめて、次の文を否定文にしてみましょう。

> Meg is kind.（メグは親切だ）
> Ken was praised by Lisa.（ケンはリサにほめられた）
> They are sleeping.（彼らは眠っている）
> You should climb this tree.（君はこの木に登るべきだ）
> There were a lot of people in the park.（その公園には多くの人がいた）

　完成する文は次の通りです。

44 - ③

> Meg is not kind.（メグは親切ではない）
> Ken was not praised by Lisa.（ケンはリサにほめられなかった）
> They are not sleeping.（彼らは眠っていない）
> You should not climb this tree.（君はこの木に登るべきでない）
> There were not a lot of people in the park.
> 　（その公園には多くの人はいなかった）

第27章　何も見えないよ。──否定文①（平叙文の否定文）

169

ここでnotに関する縮約形を知ってください。縮約形は、ここまでに「主語＋be動詞」の例（p.48参照）と、「主語＋will」の例（p.116参照）を見ましたが、次のようなものもあるのです（これらも復習のナビ音声に収録してあります。繰り返し聴いて、耳でも慣れてください）。

is not	→	isn't
are not	→	aren't
was not	→	wasn't
were not	→	weren't
do not	→	don't
does not	→	doesn't

did not	→	didn't
will not	→	won't
can not	→	can't
must not	→	mustn't
should not	→	shouldn't

will notの縮約形に注意してください。willn'tではなくwon'tです。なお、can notという形は通常は用いられないものです。canとnotをくっつけてcannotとするか、縮約形のcan'tを用います。

④ 平叙文の否定文(2)

次に、文の中にbe動詞も助動詞もない文を否定文にします。この場合の手順は次の通りです。

> 手順1　文を「述語にdo, does, didを加えた形」にする。
> 手順2　do, does, didの後ろにnotを置く。

では、次の文を否定文にしましょう。上の手順を見ながら、自分で挑戦してみてください。

170

> **Tom likes cats.**（トムはネコが好きだ）
> **I bought the hat.**（私はその帽子を買った）
> **I have a car.**（僕は車を持っている）

まずは、それぞれの動詞の前に does，did，do を加えて、次のようにします。

> **Tom <u>does</u> like cats.**
> **I <u>did</u> buy the hat.**
> **I <u>do</u> have a car.**

do，does，did の使い分け方は p.127 ～ 128 で練習しました。忘れていたら確認してください。

次に does，did，do の後ろに not を加えれば否定文が完成します。

> **Tom <u>does</u> *not* like cats.**（トムはネコが好きでない）
> **I <u>did</u> *not* buy the hat.**（私はその帽子を買わなかった）
> **I <u>do</u> *not* have a car.**（僕は車を持っていない）

これらの文を縮約形で示します。

🔊 44 − ④

> **Tom <u>doesn't</u> like cats.**（トムはネコが好きでない）
> **I <u>didn't</u> buy the hat.**（私はその帽子を買わなかった）
> **I <u>don't</u> have a car.**（僕は車を持っていない）

第27章 何も見えないよ。——否定文①（平叙文の否定文）

✏️ **練習問題** -----

ここでは平叙文の肯定文を、否定文にする作業に挑戦しましょう。

[問題] 次の文を否定文にしましょう。解答はすべて縮約形を用いてください。

(1) Meg is tall.
(2) Lisa can swim.
(3) Bob was scolded by the teacher.
(4) I was sleeping at the moment of the earthquake.
(5) Tom knows Meg's phone number.
(6) We visited the house.
(7) My sons live in this town.

[解答] (1) Meg isn't tall.
(2) Lisa can't swim.
(3) Bob wasn't scolded by the teacher.
(4) I wasn't sleeping at the moment of the earthquake.
(5) Tom doesn't know Meg's phone number.
(6) We didn't visit the house.
(7) My sons don't live in this town.

[解説] 念のために、和訳を示します。
(1) メグは背が高くない。
(2) リサは泳げない。
(3) ボブはその先生に怒られなかった。
(4) その地震の瞬間、私は寝ていなかった。
(5) トムはメグの電話番号を知らない。
(6) 私たちはその家を訪れなかった。
(7) 私の息子たちはこの街には住んでいない。

CHAPTER 28 テーブルの上で踊っちゃだめです！── 否定文②（命令文の否定文）

> Don't dance on the table!

　この章では p.168 の図の右下、つまり「命令文の否定文」を見ていきます。命令文において、肯定文を否定文にするための手順は次の通りです。

| 手順 | 文頭に don't を置く。 |

　don't は、do not の縮約形です（p.170 参照）。
　具体例を見ます。次の文を否定文にしましょう。

Read my report.（私のレポートを読みなさい）
Swim in this river!（この川で泳げ！）
Be honest.（正直でいろ）

173

手順をあてはめると、次のようになります。

> 🎧 44 − ⑤
>
> **Don't** read my report.（私のレポートを読むな）
> **Don't** swim in this river!（この川で泳ぐな！）
> **Don't** be honest.（正直でいるな）

✏️ 練習問題

練習問題に入ります。ここでは自分で文を作ってみましょう。

[問題]　次の文を英訳してください。

（1）私をメグと呼ばないで。

（2）この部屋ではしゃべるな。

（3）その女性たちには親切にするな。

> [解答]（1）**Don't** call me Meg.
> 　　　（2）**Don't** speak in this room.
> 　　　（3）**Don't** be kind to the ladies.
>
> [解説]（1）は第5文型の文です。
> 　　　（3）の kind to ～は、p.86 と p.159 で扱いました。lady の複数形は ladys ではありません。y を i に変えて、-es を加えます。p.24 で扱いました。

第 15 講ここまで

CHAPTER 29 バッタとコオロギを捕まえたよ。—— 語と語、句と句、文と文を結ぶ and / but / or

1 結ぶ言葉

まずは次の文を見てください。

（1） 父が走った。
（2） 父と母が走った。

（1）では、走ったのは「父」だけですが、（2）では「父と母」です。「と」という言葉によって、「父」という語と「母」という語が結ばれています。

次に、以下の文を見てください。

(3) 兄は車を買った。
(4) 兄は車を買ったが、タイヤを外した。

(4)では「車を買った」という句と「タイヤを外した」という句が、「が」によって結ばれています(単語の集まりは「語」ではなく「句」です)。

さらに以下の文を見てください。

(5) 姉は桜の並木道に行った。
(6) 姉は桜の並木道に行ったが、桜はまだ咲いていなかった。

(6)では、「が」によって前半の文と後半の文が結ばれています。

このように日本語では、「と」や「が」などの言葉によって、語と語、句と句、文と文が結ばれるのです。

英語にも似たような「結ぶ言葉」があります。その代表例が and と but と or です。それぞれを見ていきましょう。

2 and

まずは and です。これは次のように訳します。

> と、て、で、そして

例を見ましょう。まずは語と語を結んでいる例です。下線部どうしが結ばれています。

> 🔊 47-①
>
> **Bob** and **Tom** came here yesterday.（昨日ボブとトムがここに来た）
> **We** **sang** and **danced** in the room.（私たちはその部屋で歌って踊った）

次に句と句と結んでいる例を見ましょう。

> 🔊 47-②
>
> My father drinks coffee <u>in the morning</u> and <u>in the evening</u>.
> （父は朝と夕方にコーヒーを飲む）
>
> John <u>went to the park</u> and <u>played tennis</u>.
> （ジョンはその公園に行き、テニスをした）

次に文と文を結ぶ例を見ます。

> 🔊 47-③
>
> <u>Meg cried</u> and <u>Lisa jumped</u>.（メグが叫んで、リサが跳ねた）
> <u>I am an American</u> and <u>my wife is a Canadian</u>.
> （私はアメリカ人で、妻はカナダ人です）

❸ but

次にbutを見ます。butは次のように訳します。

> しかし、だが、が

例を見ましょう。

> 🎧 47 − ④

Our teacher is handsome but poor.
　（私たちの先生はハンサムだが貧乏だ）

My wife is very beautiful but too lazy.
　（妻はとても美しいが、あまりに怠け者だ）

I love Bob but he doesn't love me.
　（私はボブを好きなのだが、ボブは私を好きではない）

最初の例では語と語が結ばれています。2番目の例では句と句が結ばれています。3番目の例では文どうしが結ばれています。

❹ or

最後はorです。この語は次のように訳します。

> か、または、もしくは、あるいは

例を見ましょう。

> 🎧 47 − ⑤

I will buy a bicycle or a motorcycle this summer.
　（この夏には自転車かバイクを買うつもりだ）

You must sleep in this bed or on that sofa.
　（君はこのベッドか、あのソファーで寝なくてはならない）

Tom saw the answer or someone helped him.
　（トムが答えを見たか、あるいは誰かが彼の手助けをしたかだ）

最初の例では語と語が結ばれています。2番目の例では句と句が結ばれています。3番目の例では文どうしが結ばれています。

> **練習問題**

並べ替え問題を利用して、and，but，orを用いる練習をしましょう。

[問題] カッコ内にある語を並べ替えて、文を作りましょう。なお、不要な1語が含まれている場合もあります。

(1) リサとメグがこの絵を描いた。
 (painted ／ Lisa ／ picture ／ this ／ Meg ／ and ／ a).

(2) 僕たちはこの木の下とあのベンチの上でよくトランプをする。
 (play ／ this ／ on ／ and ／ cards ／ often ／ that ／ under ／ bench ／ tree ／ we).

(3) 僕は医者で妻は歯医者だ。
 (and ／ a ／ dentist ／ wife ／ doctor ／ I ／ am ／ my ／ a ／ is).

(4) 父は背が高いが、母は背が低い。
 (mother ／ but ／ my ／ short ／ is ／ my ／ father ／ is ／ tall).

(5) このナイフかあの道具を使いなさい。
 (that ／ knife ／ tool ／ or ／ use ／ this).

[解答] (1) Lisa and Meg painted this picture.
 (2) We often play cards under this tree and on that bench.
 (3) I am a doctor and my wife is a dentist.
 (4) My father is tall but my mother is short.
 (5) Use this knife or that tool.

[解説] (1)のaは不要です。thisを用いる場合は、aは用いられません(p.29参照)。
 (2)のunderはp.84のリストにあります。
 (5)は命令文なので主語がありません。

第16講ここまで

第17講スタート　予習 48　復習 49　例文朗読 50 ①〜⑤

CHAPTER 30　文をまとめる if / when / after / before / because

プールで泳いでいた時にこのコインを見つけたんだ。

I found this coin when I was swimming in the pool.

1 「文と文が結ばれた文」の2種類

まずは次の3つの文を見てください。

Meg cried and Lisa jumped.（メグが叫んで、リサが跳ねた）

I love Bob but he doesn't love me.
（私はボブを好きなのだが、ボブは私を好きではない）

Tom saw the answer or someone helped him.
（トムが答えを見たか、あるいは誰かが彼の手助けをしたかだ）

180

これらはp.177〜178で見た文です。このような文は、「文と文が結ばれた文」だといえます。and，but，orが、左右の文を結んでいるのです。

さて、「文と文が結ばれた文」には、これらとは違った形のものがあります。次の2文を見てください。

After breakfast, Meg danced.（朝食の後、メグは踊った）

After Tom went home, Meg danced.
（トムが家に帰った後、メグは踊った）

最初の文は、p.85で見たものです。この**after**は前置詞です。**after breakfast**という「前置詞＋名詞」が、動詞の**danced**を修飾します。次のイメージでとらえてください。

After breakfast, Meg danced.

動詞の **danced** を修飾する

2番目の文は、**after**の後ろが、名詞1語ではなく文です。次のイメージでとらえてください。

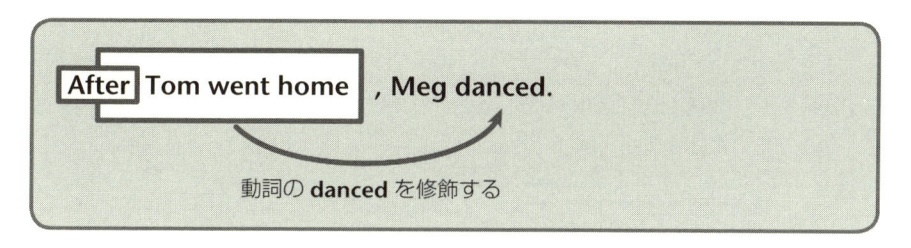

After Tom went home , Meg danced.

動詞の **danced** を修飾する

---

afterが文をまとめて、全体を動詞修飾語にしています。

この文には**Tom went home**という文と、**Meg danced**という2つの文があるので、やはり「文と文が結ばれた文」だといえます。ただ、2つの文の関係は、and，but，orで結ばれた文とは異なります。上の図の通り、

181

片方の文が、動詞を修飾するまとまりになるのです。and, but, orで結ばれた場合は「片方の文が、ひとまとまりの修飾語になる」などということはありません。単に2つの文を結ぶだけです。

このafterのように、文をまとめて動詞修飾語にするはたらきをもつ語の代表例を示しましょう。

> **if**（もし〜なら）、**when**（〜の時に）、**after**（〜の後に）、**before**（〜の前に）、**because**（〜なので）

2 置かれる位置

注意しなくてはならないのは、動詞修飾語としてはたらくまとまりの文の位置には、次の2つがあるということです。

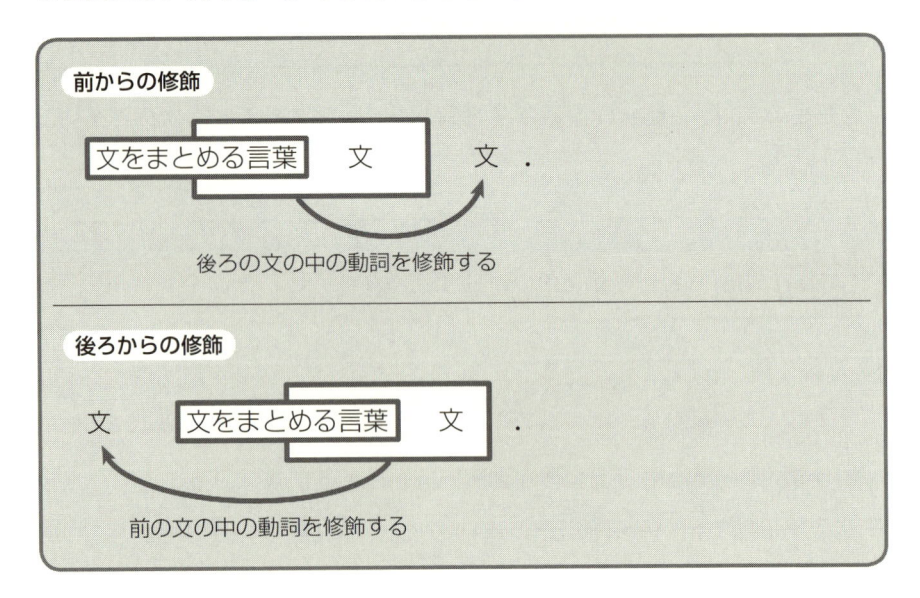

前からの修飾

文をまとめる言葉　文　　文．

後ろの文の中の動詞を修飾する

後ろからの修飾

文　文をまとめる言葉　文．

前の文の中の動詞を修飾する

では、具体例を1つ1つ見ていきましょう。

3 if

ifは「もし〜なら」「〜すると」「〜すれば」という意味をもちます。

例を見ましょう。最初の文中のshouldと、2番目の文中のmayは助動詞です。第17章で扱いました。

> 🎧 50 − ①
>
> **If you are not busy, you should *help* Bob.**
> （もし君が忙しくないのなら、君はボブを助けるべきだ）
>
> **Lisa may *come* if you invite her.**
> （もし君が招待したら、リサは来るかもしれない）

最初の例では、下線部の「if＋文」が、後ろにあるhelpを修飾しています。2番目の例では、下線部の「if＋文」が、前にあるcomeを修飾しています。

4 when

whenは第24章で登場しました。「いつ」という意味で、時を尋ねるための言葉でしたが、実は「文をまとめる言葉」でもあります。whenによってまとめられたひとまとまりは、「〜時に」「〜時は」という意味で、動詞を修飾します。次の通りです。

> 🎧 50 − ②
>
> **When I was a child, I *went* to Canada.**
> （僕は子供の時に、カナダに行った）
>
> **When you are tired, you should *drink* this.**
> （疲れた時は、これを飲むべきだ）

最初の例では、下線部の「when＋文」が、後ろにあるwentを修飾しています。2番目の例では、下線部の「when＋文」が、後ろにあるdrinkを修飾しています。

5 after, before

afterとbeforeはまとめて扱います。これらは前置詞として用いられることもあれば、「文をまとめる言葉」として用いられることもあるという点で同じです（p.83の前置詞のリストの中に、この2語があります）。

まずはafterの例を見ます。これはすでに見た通り、「～した後に」「～してから」という意味です。

> 50－③
>
> **After I left the room, someone *called* my name.**
> （私が部屋を出た後に、誰かが私の名前を呼んだ）
>
> **Let's *begin* the discussion after Lisa comes.**
> （リサが来てから討論を始めよう）

2番目の例のLet's ～という形は、p.165で扱いました。この文の全体の構造を示しましょう。

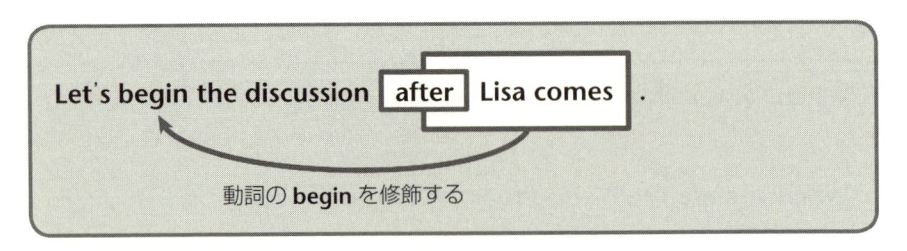

> Let's begin the discussion after Lisa comes .
> 動詞のbeginを修飾する

次にbeforeの例を見ます。

> 🔊 50 − ④
>
> **Before I leave this company, I must *finish* this project.**
> 　（私はこの会社を去る前に、このプロジェクトを終えなければならない）
>
> ***Look*** **left and right before you cross the road.**
> 　（道路を渡る前に、左右を見なさい）

最初の文では「before＋文」が、後ろにある動詞のfinishを修飾しています。2番目の文では、「before＋文」が、前にある動詞のlookを修飾しています。この文の前半は命令文です。主語がないのはそのためです。

❻ because

becauseは「〜なので」と訳します。理由を表す言葉です。例文を見ましょう。

> 🔊 50 − ⑤
>
> **Because I am busy, I can't *help* you.**
> 　（忙しいので、君を助けることができません）
>
> **I often *go* to Kyoto because my daughter lives there.**
> 　（娘が住んでいるので、私はよく京都に行く）

2番目の文のthereは「そこに」ですが、訳すとやや不自然になるので訳しませんでした。

では、練習問題に進みます。

練習問題

ここでは穴埋め問題を解くことにより、if, when, after, before, because の使い方を確認しましょう。

[問題] 次の文中のカッコ内に if, when, after, before, because のうち適切な単語を入れて、和訳の意味になる文を作ってみましょう。

(1) (　　　) you meet the novelist, you should read this book.
(その小説家に会う前に、君はこの本を読むべきだ)

(2) (　　　) my grandmother was young, she was very beautiful.
(うちのおばあちゃんは若かった時、とても美しかった)

(3) You must wash your hands (　　　) you touch this pig.
(このブタに触った後は手を洗わなくてはならないよ)

(4) I like him (　　　) he is handsome and kind.
(彼がハンサムで親切なので、私は彼が好きだ)

(5) I will marry him (　　　) he is rich.
(もし彼が金持ちであるのなら、私は彼と結婚するつもりだ)

[解答] (1) Before (2) When (3) after (4) because (5) if

[解説] (5)の marry という動詞は p.51、p.121 で扱いました。

第17講ここまで

□□□ 第18講スタート ・・・・・・・・・・ ◎ 予習 51　復習 52　例文朗読 53 ①〜③

CHAPTER 31　私は皆さんの未来が明るいと信じています。── 文をまとめる that

① 主語、補語、目的語としてはたらく文のまとまり

第30章で扱った if, when, after, before, because は、文をまとめて「動詞修飾語としてはたらくまとまり」にする言葉でしたが、英語には、文をまとめて「主語、補語、目的語としてはたらくまとまり」にする言葉もあります。その代表例は that です。次のイメージでとらえてください。

```
that 文
```
全体が主語か補語か目的語としてはたらく

187

2 文をまとめる that

　that はこれまでに、「あの」という意味の形容詞、または「あれ」という意味の名詞として登場しましたが（p.75参照）、この言葉は、「文をまとめる言葉」でもあるのです。そして「that＋文」は、主語、補語、目的語としてはたらきます。

　that によってまとめられた全体は、「～こと」「～ということ」「～の」「～と」などと訳します。

　では例文を見ましょう。目的語としてはたらく場合が最も理解しやすいので、この例から見ます。

53－①

We know that birds can fly.
　（私たちは鳥が飛べることを知っている）

My son believes that I am a magician.
　（息子は僕が魔法使いだと信じている）

The musician said that Koji is the best singer in the world.
　（そのミュージシャンは浩二が世界最高の歌手だと言った）

Mary told me that Tom was busy.
　（メアリーは私にトムが忙しいと告げた）

　最初の3つは第3文型です。「that＋文」は、それぞれ know, believes, said の目的語としてはたらいています。

　4番目の文だけは第4文型です。Mary が主語で、told が述語で、me が目的語で、「that＋文」も目的語です。第4文型を復習したい場合は、p.54 に戻ってください。また、改めて p.65 の表にも目を通してください。

　目的語としてはたらく that に関しては、次のことをしっかりと記憶しましょう。

> 「that＋文」は、第3文型の目的語だけでなく、第4文型の2つ目の目的語としてもはたらく。

次に、補語としてはたらいている例を見ましょう。

🔊 53 − ②

My opinion is that we should leave this country.
（私の意見は、私たちはこの国を去るべきだということだ）

Our supposition is that Tom's father painted this picture.
（私たちの推測は、トムの父親がこの絵を描いたということだ）

最初の文は、全体が第2文型です。my opinion が主語で、is が述語で、下線部の「that＋文」が補語です。

2番目も同じ文構造です。やはり下線部が補語です。

最後に、「that＋文」が主語としてはたらいている例を見ましょう。

🔊 53 − ③

That Meg has three cars is true.
（メグが3台の車を持っているというのは本当だ）

That I can speak German is not known in this company.
（僕がドイツ語を話せるということは、この会社では知られていない）

どちらも下線部が主語です。最初の文は、全体が第2文型です。2番目の文は受動態です。known は know の過去分詞形です。

練習問題

　ここでは「that＋文」が含まれた文を、自分で作ってみることにしましょう。和英辞典を使ってもかまいません。少し難しいかもしれませんが、できなかった場合は解答を見て、何度も練習してください。そのうち必ずできるようになります。

[問題]　次の文を英訳しましょう。なお、(3)ではconclusionという語を用いてください。

(1) その男性はメグは泳げると言った。
(2) 君は旦那さんに、自分が女優だということを告げるべきだ。
(3) 私の結論は、トムが私の自転車を盗んだということだ。
(4) 彼が正直だということは本当だ。

[解答]　(1) The man said that Meg can swim.
(2) You should tell your husband that you are an actress.
(3) My conclusion is that Tom stole my bicycle.
(4) That he is honest is true.

[解説]　(2)の文全体は第4文型です。「べき」の意味は助動詞のshouldで出します(p.115参照)。「女優」は「1人、2人、3人」というように数えられる名詞なので、anが必要になります。
　(3)のstoleはstealの過去形です。p.98で扱いました。

第18講ここまで

CHAPTER 32 これは私が作った俳句です。——関係代名詞

1 日本語の「名詞修飾語としてはたらくまとまりの文」

　第30章では、文をまとめて「動詞修飾語としてはたらくまとまり」にする言葉を学びました。第31章では、文をまとめて「主語、補語、目的語としてはたらくまとまり」にする言葉を学びました。

　これらに加えて、英語には、文をまとめて「名詞修飾語としてはたらくまとまり」にする言葉もあります。この章ではこれを見ていきますが、ここは日本語の話から入ることにします。そのほうが、ずいぶん理解しやすくなるからです。

まずは次のペアを見てください。

> ① 時計
> ② 僕がメグに時計をあげた。

①に名詞があり、②の文の中に、①の名詞が含まれています。

さて、このペアにおいて、②の文を①に対する修飾語にすることを考えます。どうすればいいでしょうか。何か「まとめる言葉」は必要でしょうか。

日本語では、修飾語は前に置かれるので、まずは②の文をそのまま①の名詞の前に置いてみます。すると次のようになります。

　僕がメグに時計をあげた時計

これはおかしな表現です。

ここで、②の中の「時計を」を切ったうえで、①の名詞の前に置いてみましょう。すると、次のようになります。

　僕がメグにあげた時計

自然な表現になりました。この表現は、次のようにとらえることができます。

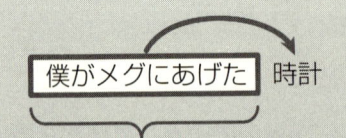

> 　僕がメグにあげた　時計
> 　「時計」を修飾するひとまとまりの文

注目してほしいのは、「文をまとめる言葉」がないということです。日本語では、まとまりを作る言葉に助けてもらわなくても、文はひとまとまりの名詞修飾語になれるのです。

　他の例も見ましょう。

> ① ネコ
> ② ネコがネズミを追いかけていた。
>
> ● ②の中の「ネコが」を切って①の前に置くと、②は①に対する修飾語になる。
>
> <u>ネズミを追いかけていた</u>ネコ　※下線部が「ネコ」を修飾する。

> ① ケーキ
> ② メグがケーキを焼いた。
>
> ● ②の中の「ケーキを」を切って①の前に置くと、②は①に対する修飾語になる。
>
> <u>メグが焼いた</u>ケーキ　※下線部が「ケーキ」を修飾する。

> ① 手紙
> ② ケンが息子さんに手紙を送った。
>
> ● ②の中の「手紙を」を切って①の前に置くと、②は①に対する修飾語になる。
>
> <u>ケンが息子さんに送った</u>手紙　※下線部が「手紙」を修飾する。

このように、私たちは、一定の規則に従って「名詞を修飾する文」を生み出し、使いこなしているのです。私たちが日本語を用いる際に従っている文法規則は、この他にもたくさんあります。文法は、とても大切なものなのです。

　さて、ここで作った「まとまりの修飾語＋名詞」は、最終的には文の中で用いることができます。その様子も見ましょう。下線部がここで作った表現です。

　　これは僕がメグにあげた時計だ。
　　ネズミを追いかけていたネコはタマだった。
　　私たちはメグが焼いたケーキをおいしく食べた。
　　ケンが息子さんに送った手紙は毛筆で書かれていた。

❷ 英語の場合

　英語でも、「①の名詞と、②の文（①の名詞が含まれている文）」がある場合、②の文を①の名詞に対する修飾語にすることができます。ただ、修飾語にするための手順が日本語とは異なります。ここでは次の2つを見ていきます。

> （1）①の名詞が②の文の中で、主語である場合
> （2）①の名詞が②の文の中で、目的語である場合

それぞれを見ましょう。

❸ 主格の関係代名詞

次のペアを見てください。

> ① the man（男）
> ② The man helped my son.（男が私の息子を助けた）

　①の名詞が②の中にあります。そして主語としてはたらいています。このペアから、「私の息子を助けた男」という意味の表現を作ることを考えましょう。つまり②の文を、①に対する修飾語にしたいのです。
　それには、②の文を「名詞を修飾するまとまり」にしなくてはなりません。まとまりを作るための手順は次のようになります。

> 手順　②の文中にある①の名詞を、whoまたはthatかwhichに変える。

　who，that，whichの使い分け方は、次の通りです。

> ● ①の名詞が人である場合
> 　→ whoを用いる
> 　　※thatが用いられることもあるが、通常はwhoを用いる。
> ● ①の名詞が物事である場合
> 　→ thatかwhichを用いる

　thatは前の章で、「主語、補語、目的語としてはたらくまとまり」を作るものとして登場しましたが、このように「名詞修飾語としてはたらくまとまり」も作るのです。
　whoとwhichは第20章〜第22章で登場しました。そこでは疑問文を作るための言葉でした。whoは「誰」、whichは「どちら」という意味でしたが、これらには「名詞修飾語としてはたらくまとまり」を作る機能もあるのです。

では、先ほどのペアの②の文を、「名詞修飾語としてはたらくまとまり」にしましょう。まずは The man を who に変えます。すると、②の文は次のようになります。

who helped my son

そしてこれを①の名詞の後ろに置きます。日本語では、名詞を修飾するまとまりの文は名詞の前に置きますが、英語では後ろです。
置いてみましょう。

the man who helped my son

これが「私の息子を助けた男」という意味の表現です。
この表現は、次のような構造をもちます。

```
the man │ who │ helped my son
          主語
        名詞修飾語
```

who はまとめの言葉です。son までの文をまとめて、全体を名詞修飾語にしています。
who の下に「主語」と書かれていることに注目してください。この who は、主語だった the man を書き換えたものなので、あくまでも主語なのです。
他の例も見ましょう。次のペアの②の文を、①に対する修飾語にして、「全速力で走っていた車」という意味の表現を作ることを考えます。

① the car（車）

② The car was running at full speed.（車が全速力で走っていた）

p.195で示した手順の通りに作ってみましょう。まずは②の文のthe carをthatかwhichに変えます。すると②の文は次のようになります。

that was running at full speed

which was running at full speed

これを①の名詞の後ろに置けば、求められる表現が完成します。

the car that was running at full speed（全速力で走っていた車）

the car which was running at full speed（　　〃　　）

これらの構造は次の通りです。thatとwhichはまとめてthat/whichと表記します。

the car [that / which was running at full speed]
　　　　　主語
　　　　　　　　　名詞修飾語

that/whichが後ろの文をまとめて、全体を名詞修飾語にしています。that/whichも主語を書き換えたものなので、やはり主語のままです。

他の例も見ましょう。

① the boy（少年）

② **The boy painted this picture.**（少年がこの絵を描いた）

- ②を①に対する修飾語にして「この絵を描いた少年」という意味の表現を作りたい。②の文のthe boyをwhoに変えて、これを①の後ろに置けば完成する。

the boy <u>who painted this picture</u>（この絵を描いた少年）
　　　※下線部が前の名詞を修飾する。

もう1つ見ましょう。

① the girl（少女）

② **The girl is standing at the gate.**（少女が門のところに立っている）

- ②を①に対する修飾語にして「門のところに立っている少女」という意味の表現を作りたい。②の文のthe girlをwhoに変えて、これを①の後ろに置けば完成する。

the girl <u>who is standing at the gate</u>（門のところに立っている少女）
　　　※下線部が前の名詞を修飾する。

　前置詞atは地点を表します。atの基本的な訳は「〜で」「〜に」ですが（p.83参照）、「門で立っている」や「門に立っている」は不自然なので、「門のところに立っている」と訳しました。
　さらにもう1つ見ましょう。次のペアでは、②の文は受動態です。

> ① the watch（時計）
> ② The watch was broken by my son.（時計が息子に壊された）
>
> ● ②を①に対する修飾語にして「息子に壊された時計」という意味の表現を作りたい。②の文のthe watchをthatかwhichに変えて、これを①の後ろに置けば完成する。
>
> the watch that / which was broken by my son（息子に壊された時計）
> ※下線部が前の名詞を修飾する。

では、ここで作った「名詞＋まとまりの修飾語」が、実際に文の中で用いられている様子を見ましょう。

なお、ここまでの例ではすべて「the 名詞＋まとまりの修飾語」でしたが、実際の文ではtheではなくa/anや、this, that, my, ourなどが加わる場合もあります。また、これらの言葉が加わらないこともあります。以下の文でも、2番目の例ではaを用いています。

🔊 56 − ①

The man who helped my son was Jack.
（息子を助けた男はジャックだった）

Bob took a picture of a car that was running at full speed.
（ボブは全速力で走っている車の写真を撮った）

That is the boy who painted this picture.
（あれが、この絵を描いた少年だ）

I must mend the watch which was broken by my son.
（息子に壊された時計を修理しなくてはならない）

The girl who is standing at the gate is Lisa.
（門のところに立っている少女はリサだ）

第32章 これは私が作った俳句です。――関係代名詞

念のため、文全体の構造を1つ見ておきましょう。最初の文を選びます。

```
The man [ who  helped my son ] was Jack.
主語    主語              述語 補語
       名詞修飾語
```

文全体は第2文型です。the manは主語として用いられています。そしてこれをwho helped my sonのまとまりが修飾しています。

これらのwho, that, whichは「関係代名詞」と呼ばれます。関係代名詞にはいくつかの種類があるのですが、これらのように主語としてはたらくものを「主格」といいます。少し難しい言葉ですが、ぜひおぼえてください。

④ 目的格の関係代名詞

次に、p.194の(2)に入ります。つまり「①の名詞が②の文の中で、目的語である場合」です。

以下のペアを見てください。

① **the boy**（少年）
② **I love the boy.**（私はその少年が好きだ）

このペアの、②を①に対する修飾語にして、「私が好きな少年」という意味の表現を作ることにしましょう。

このペアでは、①の名詞が②の中で、目的語としてはたらいています。

このような場合に、②を「名詞修飾語としてはたらくまとまり」にするには、次の2つの手順が必要になります。

> 手順1　②の文の中にある①の名詞を、who または that か which に変える。
> 手順2　who, that, which を文頭に移動させる。

who, that, which の使い分け方は、主格の場合と同じです。

では、先ほどのペアの②の文を「名詞修飾語としてはたらくまとまり」にしましょう。まずは文中の the boy を who に変えます（手順1）。次にこれを文頭に出します（手順2）。すると次の表現が完成します。

　　who I love

そして、これを①の名詞の後ろに置けば、求められる意味の表現が完成します。

　　the boy who I love（私が好きな少年）

この表現の構造は、次の通りです。

the boy ｜ who ｜ I love
　　　　　目的語
　　　名詞修飾語

who が後ろの文をまとめて、全体を名詞修飾語にしています。

この who は、目的語としてはたらく語を書き換えたものなので、目的語のままです。だからこそ who の下に「目的語」と記されています。

他の例も見ましょう。以下のペアから、「トムが書いた本」という意味の表現を作ることにしましょう。

① **the book**（本）
② **Tom wrote the book.**（トムが本を書いた）

まずは the book を that または which に変えます（手順1）。次にこれを文頭に出します（手順2）。すると、次の表現が形成します（that と which はまとめて表記します）。

that / which Tom wrote

これが「名詞修飾語としてはたらくまとまり」です。そして、これを①の名詞の後ろに置けば、求められる意味の表現が完成します。

the book that/which Tom wrote（トムが書いた本）

この表現の構造は、次の通りです。

the book | that / which | Tom wrote
目的語
名詞修飾語

that/which が、後ろの文をまとめて、全体を名詞修飾語にしています。that/which は、目的語としてはたらく語を書き換えたものなので、やはりこれも目的語のままです。

他のペアも見ましょう。

> ① **the teacher**（先生）
> ② **We respect the teacher.**（私たちはその先生を尊敬している）
>
> - ②を①に対する修飾語にして「私たちが尊敬している先生」という意味の表現を作りたい。②の文の the teacher を who に変えて文頭に出し、これを①の後ろに置けば完成する。
>
> **the teacher who we respect**（私たちが尊敬している先生）
> 　　※下線部が前の名詞を修飾する。

もう1つ見ましょう。以下の②の文は第4文型です。①の the pen は②の文の中で、2つ目の目的語としてはたらいています。

> ① **the pen**（ペン）
> ② **Meg sent him the pen.**（メグが彼にペンを送った）
>
> - ②を①に対する修飾語にして「メグが彼に送ったペン」という意味の表現を作りたい。②の文の the pen を that/which に変えて文頭に出し、これを①の後ろに置けば完成する。
>
> **the pen that/which Meg sent him**（メグが彼に送ったペン）
> 　　※下線部が前の名詞を修飾する。

では、ここで作った「名詞＋名詞修飾語としてはたらくまとまり」が、実際に文の中で用いられている様子を見ることにしましょう。ここでは2つの例で、the を a に変えて用います。

The pen **that Meg sent him** was very expensive.
（メグが彼に送ったペンはとても高かった）

John is the boy **who I love**.
（ジョンは私が好きな男の子だ）

Lisa read a book **which Tom wrote**.
（リサはトムが書いた本を読んだ）

Last week, we met a teacher **who we respect**.
（先週私たちは、尊敬している先生に会った）

ここでも１つ、文全体の構造を見ておきましょう。２番目の文を選びます。

John is the boy　who　I love ．
主語　述語　補語　　　　目的語
　　　　　　　　　　名詞修飾語

文全体は第２文型であり、the boy は補語として用いられています。そしてこれを who I love が修飾しています。

上の who, that, which も「関係代名詞」ですが、これらのように目的語であるものを「目的格」といいます。この言葉も少し難しいですが、必ずおぼえてください。

関係代名詞についてまとめましょう。

- 関係代名詞は、文をまとめて名詞修飾語にする。
- 主格の関係代名詞は、それ自体が主語としてはたらく。
- 目的格の関係代名詞は、それ自体が目的語としてはたらく。

練習問題

練習問題に入りましょう。ここでは2段階の練習をします。まずは、①の名詞と②の文のペアから、「名詞と、それを修飾するまとまり」を作る練習をします。次に、完成したその表現を、実際に文の中で使う練習をします。

[問題1] 次の各ペアを元にして、その下に示されている意味の表現を完成させましょう。

(1) ① the building
　　② **The building stands on that hill.**
　　→「あの丘の上に立っているビル」

(2) ① the lady
　　② **The lady teaches English to my wife.**
　　→「僕の妻に英語を教えている女性」

(3) ① the student
　　② **I met the student yesterday.**
　　→「私が昨日会った学生」

(4) ① the camera
　　② **I gave the camera to my son.**
　　→「私が息子にあげたカメラ」

[解答] (1) the building that/which stands on that hill
　　　 (2) the lady who teaches English to my wife
　　　 (3) the student who I met yesterday
　　　 (4) the camera that/which I gave to my son

問題2 次の文を英訳しましょう。その際には、**問題1**で完成させた表現を用いてください。

(1) あの丘の上に立っているビルはとても古い。

(2) これは僕の妻に英語を教えている女性の写真だ。

(3) 私が昨日会った学生はハンサムで背が高かった。

(4) 娘は私が息子にあげたカメラをしばしば使う。

> **解答** (1) The building that / which stands on that hill is very old.
> (2) This is a picture of the lady who teaches English to my wife.
> (3) The student who I met yesterday was handsome and tall.
> (4) My daughter often uses the camera that / which I gave to my son.
>
> **解説** (4)で「娘」が2人以上なら My daughters となり、述語は use を用います。

第19講ここまで

CHAPTER 33 ステージの上で歌っている男はタケちゃんだ。── ing形の動詞による名詞修飾

> The man singing on the stage is Take-chan.

第30章、第31章、第32章の3章で、まとまりの文がはたらく様子を見ました。具体的には、次の3つの内容を扱いました。

- 動詞修飾語としてはたらくまとまりの文(第30章)
- 主語、補語、目的語としてはたらくまとまりの文(第31章)
- 名詞修飾語としてはたらくまとまりの文(第32章)

さて、英語には、次のようなまとまりもあります。

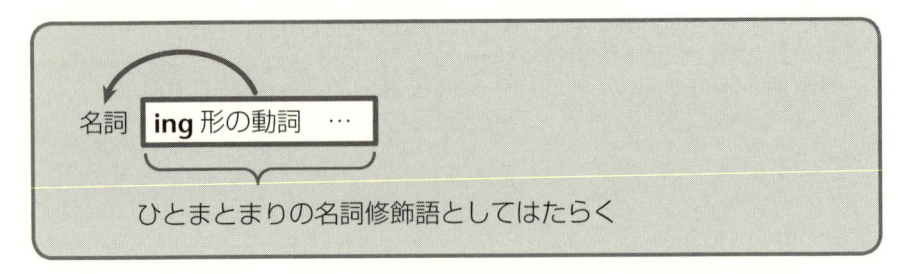

```
  名詞  ┌ ing 形の動詞 … ┐
        └─────────────┘
       ひとまとまりの名詞修飾語としてはたらく
```

　まとまりの先頭は、ing形の動詞です。そしてまとまり全体は、名詞修飾語としてはたらきます。よってこれは「ing形の動詞からはじまる、名詞修飾語としてはたらくまとまり」だといえます。この章ではこれについて見ていきます。

　まずは次の文を見てください。

The girl who is standing at the gate is Lisa.
（門のところに立っている少女はリサだ）

　これはp.199で見た文です。whoは主格の関係代名詞です。述語の部分は現在進行形になっています。ここで、次の規則を知ってください。

「主格の関係代名詞＋進行形のbe動詞」は省略が可能である。

　上の文では、whoとisが省略できます。省略してみましょう。次のようになります。

The girl standing at the gate is Lisa.
（門のところに立っている少女はリサだ）

　省略した結果、「ing形の動詞からはじまるまとまり」（下線部）が生まれました。この下線部もgirlを修飾します。

他の例も見ましょう。下線部が名詞修飾語としてはたらくまとまりです。直前の名詞を修飾しています。

> 🎧 59 − ①
>
> The baby <u>sleeping in that bed</u> is my daughter.
> （あのベッドで寝ている赤ちゃんは、うちの娘です）
>
> This is a picture of an eagle <u>chasing a swallow</u>.
> （これはツバメを追いかけているワシの写真です）
>
> Do you know the name of the girl <u>dancing with Tom</u>?
> （トムと踊っている女の子の名前を知っていますか）
>
> Who is the girl <u>wearing your hat</u>?
> （君の帽子をかぶっている女の子は誰ですか）

2番目の文のchasingはchase（「追いかける」という意味）のing形です。chaseは「子音＋e」で終わるので、eを切ったうえで-ingを加えます。p.107の「例外の規則」の①があてはまります。

練習問題

ここでは「語数が指定された英作文」に挑戦しましょう。

[問題] 次の文を、右のカッコ内に示された語数で英訳してください。

（1）ステージの上で泣いている男の子は私の息子です。[9]
（2）私の娘はゆっくり泳いでいる2匹のカエルに触った。[7]

[解答] (1) The boy crying on the stage is my son.
(2) My daughter touched two frogs swimming slowly.

[解説] (1)の「男の子」はa boyではなくthe boyとなり、「ステージ」はa stageではなくthe stageになります。同じ男の子、同じステージを見ながら話しているので、お互いにどれなのかをわかりあっているからです(p.27参照)。p.207のイラストでthe man，the stageになっているのも同じ理由です。

念のために、解答の文に対して関係代名詞とbe動詞を復元させた文を示します。

(1) The boy who is crying on the stage is my son.
(2) My daughter touched two frogs that/which were swimming slowly.

下線部が、復元させた関係代名詞とbe動詞です。

CHAPTER 34 ぼくの唯一の楽しみは紙を食べることなのだ。――動名詞

> My only pleasure is eating paper.

1 ing形の動詞からはじまるまとまりがもつ、もう1つの機能

前の章では、ing形の動詞からはじまるまとまりが、名詞修飾語としてはたらく様子を見ましたが、このまとまりは、主語、補語、目的語としてはたらくこともできます。次のイメージでとらえてください。

```
ing 形の動詞 …
└─ ひとまとまりの主語、補語、目的語としてはたらく
```

211

この場合は、「〜こと」「〜の」と訳します。進行形の意味ではなくなることに注意が必要です。このまとまりは「動名詞」と呼ばれます。この言葉もぜひ知ってください。

例文を見ていきましょう。

❷ 主語としてはたらく例

まずは、主語としてはたらく例を見ます。下線部が動名詞です。

🎧 59 − ②

Sleeping on this sofa is very comfortable.
（このソファーで寝るのはとても気持ちがいい）

Writing Japanese is difficult for Tom.
（日本語を書くことはトムにとって難しい）

forには「〜にとって」という意味があります（p.83のリスト参照）。

❸ 補語としてはたらく例

次に、補語としてはたらく例を見ましょう。ともに第2文型の文です。

🎧 59 − ③

Meg's hobby is making dolls.
（メグの趣味は、人形を作ることだ）

One of my pleasures is watching baseball on TV.
（私の楽しみの1つは、テレビで野球を見ることだ）

❹ 目的語としてはたらく例

次に目的語としてはたらく例を見ます。

> 🔊 59 − ④
>
> We enjoyed <u>playing tennis</u>.（私たちはテニスをするのを楽しんだ）
> I remember <u>saying so</u>.（私はそう言ったのをおぼえている）

ともに第3文型の文です。下線部が目的語としてはたらいています。

練習問題

練習問題に入ります。ここでは並べ替え問題に挑戦しましょう。

[問題] カッコ内にある語を並べ替えて、文を作りましょう。

(1) この液体に触れるのは危険であるに違いない。
　　(this ／ liquid ／ must ／ touching ／ dangerous ／ be).

(2) 私の次の目標は車を買うことだ。
　　(is ／ a ／ next ／ car ／ my ／ goal ／ buying).

(3) トムは部屋を掃除するのを終えた。
　　(room ／ cleaning ／ finished ／ Tom ／ his).

[解答] (1) Touching this liquid must be dangerous.
(2) My next goal is buying a car.
(3) Tom finished cleaning his room.

[解説] (1)のmustはp.114で扱った助動詞です。
(2)のnextはmyの後ろに置きます。p.31で扱った「my, our, your, his, her, its, their＋名詞」という形に形容詞を加える場合、原則として形容詞は間に置くのです。念のため、それぞれの例を示します。

my handsome husband（私のハンサムな夫）
our beautiful town（私たちの美しい街）
your long hair（君の長い髪）
his first son（彼の最初の息子）
her round eyes（彼女の丸い目）
its beautiful tail（その美しいしっぽ）
their large house（彼らの大きな家）

第20講ここまで

CHAPTER 35 拙者を倒すことは不可能でござる。── to 不定詞（名詞的用法）

(吹き出し: To beat me is impossible.)

1 動詞の「もう1つの形」

ここまでに動詞の形は、次の5つのものが出てきました。

原形、現在形、過去形、過去分詞形、ing形

これらに加えて、動詞にはもう1つ、次の形があります。

> [to不定詞形]
> 原形の前にtoを加えた形　※toは離して加える。

具体例を見てみましょう。

> walk〈原形〉　→　to walk〈to不定詞形〉
> swim〈原形〉　→　to swim〈to不定詞形〉
> run〈原形〉　→　to run〈to不定詞形〉

このto不定詞形も、ing形の動詞と同じように、「まとまり」を作ることができます。そのまとまりの代表例は次の3つです。

> to不定詞形の動詞　…
> ① ひとまとまりの主語、補語、目的語としてはたらく
> ② ひとまとまりの動詞修飾語としてはたらく
> ③ ひとまとまりの名詞修飾語としてはたらく

この第35章では、①を見ていきます。

2 主語、補語、目的語としてはたらく場合の訳

この場合は、「〜こと」「〜の」と訳します。動名詞と同じ訳です（p.212参照）。

主語、補語、目的語としてはたらくto不定詞のまとまりを「名詞的用法」といいます。なぜこのような名前なのかは、p.64〜65にある5文型のリ

ストを見るとわかります。名詞は主語、補語、目的語になります。名詞と同じはたらきをするから、①のまとまりは「名詞的用法」と呼ばれるのです。少し難しい用語かもしれませんが、ぜひおぼえてください。今後、他の本を読む際にも必ず生きてきます。

❸ 主語としてはたらく例

では具体例を見ましょう。まずは主語としてはたらく例です。下線部が主語としてはたらいています。3番目の文が少し難しいかもしれません。

> 62 − ①
>
> **To open this gate** is easy.（この門を開けるのは簡単だ）
> **To solve this problem** is difficult.（この問題を解くことは難しい）
> **To go to Paris** will make Meg happy.
> 　（パリに行くことがメグを幸せにするだろう　→　パリに行けばメグは幸せになるだろう）

3番目の文は第5文型です。第5文型で用いられた make は「する」という意味です（p.60のリスト参照）。

❹ 補語としてはたらく例

次に、補語としてはたらく例を見ます。下線部が補語としてはたらいています。

> 62 − ②
>
> My only hope is **to meet you**.（私の唯一の望みは、君に会うことです）
> Our goal is **to win the race**.（私たちの目標はそのレースで勝つことだ）

どちらの文も第2文型です。

5 目的語としてはたらく例

目的語としてはたらく例に移ります。下線部が目的語としてはたらいています。

🔊 62 – ③

I want to read this book.
（私はこの本を読むことを望む → 私はこの本を読みたい）

Bob refused to lend me his watch.
（ボブは私に彼の時計を貸すのを拒否した）

練習問題

練習問題に入ります。ここでは並べ替え問題を通して、to 不定詞の名詞的用法をマスターしましょう。

[問題] カッコ内にある語を並べ替えて、文を作りましょう。単語は形を変えなくてはならない場合があります。

(1) この箱を運ぶのは簡単だ。
（easy ／ this ／ is ／ carry ／ box ／ to）．

(2) 私の夢は岡山を訪れることだ。
（visit ／ is ／ my ／ Okayama ／ dream ／ to）．

(3) トムは車を売ることを望んでいる。
（his ／ Tom ／ sell ／ to ／ car ／ hope）．

[解答] （1） To carry this box is easy.
（2） My dream is to visit Okayama.
（3） Tom hopes to sell his car.

[解説] （3）の主語はTomです。Tomは、Iでもyouでも複数のものでもありません。よって、hopeの現在形はhopesとなります。

CHAPTER 36　ぼくは君を救うためにここにやって来た。　to 不定詞（副詞的用法）

> I came here to save you.

1　副詞的用法のイメージ図

　to 不定詞形の動詞からはじまるまとまりは、動詞修飾語としてもはたらきます。次の図のように、動詞を前から修飾することもあれば、後ろから修飾することもあります。

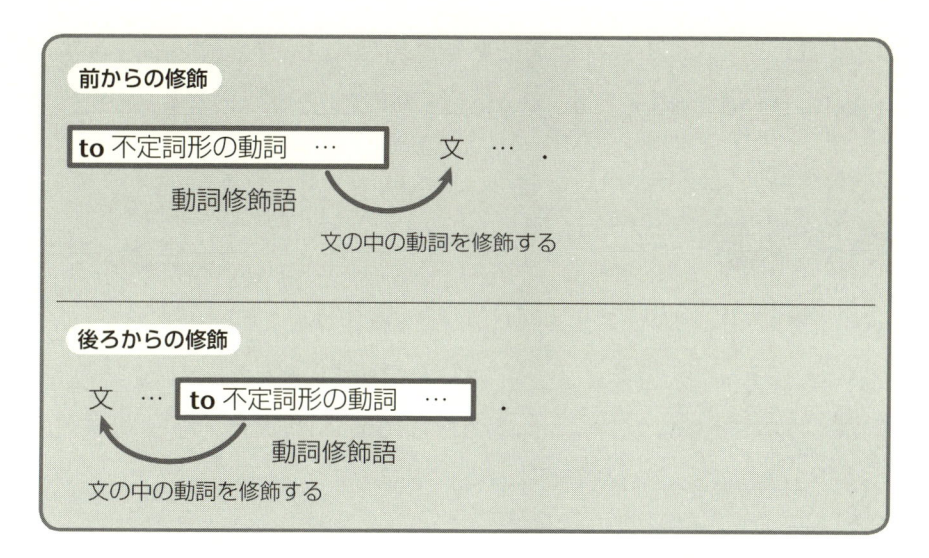

```
前からの修飾

  to 不定詞形の動詞 … → 文 … .
        動詞修飾語
              文の中の動詞を修飾する

――――――――――――――――――――――――

後ろからの修飾

  文 … ← to 不定詞形の動詞 … .
              動詞修飾語
  文の中の動詞を修飾する
```

これを「副詞的用法」といいます。動詞を修飾するものは副詞だからです（p.69参照）。この表現は、「～ために」「～ように」と訳します。

2 例文

例を見ましょう。

🎧 62－④

To finish the work in a week, I *used* a special method.
　（その仕事を1週間で終えるために、私は特別な方法を使った）

I *went* to Takasaki to meet Bob.
　（ボブに会うために私は高崎に行った）

We *stood* on a bench to see the singer.
　（その歌手を見るために、私たちはベンチの上に立った）

最初の文では、下線部が後ろにある動詞の **used** を修飾しています。

2番目の文では、下線部が前にある動詞の **went** を修飾しています。

221

3番目の文では、下線部が前にある動詞のstoodを修飾しています。stoodはstandの過去形です。standは不規則変化動詞なのです。

練習問題

練習問題に進みます。ここではゼロから文を作ってみましょう。

[問題] 次の文を英訳しましょう。どちらもTomではじめてください。また、右で指定されている語数で訳してください。

(1) トムはメグに会うために日本に来た。[7]
(2) トムは車を買うために一生懸命働いている。[8]

[解答] (1) Tom came to Japan to meet Meg.
(2) Tom is working hard to buy a car.

[解説] (1)では前置詞のtoを忘れないようにします。「〜に行く」はgo to 〜で、「〜に来る」はcome to 〜と表現します（p.89の練習問題参照）。
ただし、hereはこれだけで「ここに」という意味なので、toは不要です。p.220のイラストでも、I came to hereとはなっていません。また、thereもこれだけで「そこに」という意味なので、toはいりません。
(2)は進行形にすることに注意してください。

CHAPTER 37 この本を読む時間が欲しいなぁ。── to 不定詞（形容詞的用法）

> I want time to read this book.

① 形容詞的用法のイメージ図

まずは次のイメージ図を見てください。

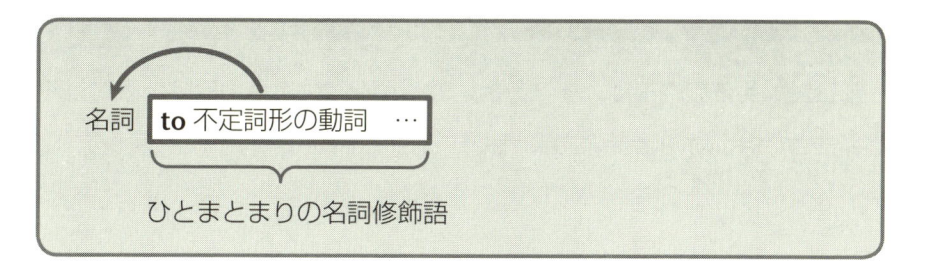

名詞 ← to 不定詞形の動詞 …
　　　└─ ひとまとまりの名詞修飾語 ─┘

to不定詞形の動詞からはじまるまとまりは、名詞の後ろに置かれ、名詞修飾語としてはたらくこともできます。

このようなto不定詞は「形容詞的用法」と呼ばれます。名詞を修飾するものは形容詞だからです（p.67参照）。

2 例文

例文を見ます。下線部が直前の名詞を修飾しています。

> 🔊 62 – ⑤
>
> **Tom has a plan to build a big house.**
> （トムには大きな家を建てる計画がある）
>
> **Next week, you will have a chance to meet Bob.**
> （来週、君はボブに会うチャンスがあるだろう）
>
> **This is a place to sleep.**
> （ここは寝る場所です）
>
> **I have some friends to support me.**
> （私には、支えてくれる何人かの友達がいる）
>
> **John is always the first person to leave this office.**
> （ジョンがいつも、この事務所を出る最初の人だ）

3 「べき」という言葉を補うほうが望ましい例

形容詞的用法の中には、「べき」という言葉を添えたうえで名詞に対して修飾させたほうが、より自然な和訳になるものもあります。例を見ましょう。

> 62 - ⑥

> I have two languages to master.
> （僕にはマスターするべき２つの言葉がある）
> There are a lot of problems to consider.
> （考えるべきたくさんの問題がある）

練習問題

練習問題に入ります。ここでは並べ替え問題に挑戦します。

[問題]　カッコ内にある語を並べ替えて、文を作りましょう。

(1) 彼女は私を助けてくれる約束をした。
　　(to / she / promise / a / made / me / help).
(2) 彼は嘘をつく人ではない。
　　(a / tell / he / to / lie / is / not / man / a).
(3) 私には書くべき多くのレポートがある。
　　(write / a / reports / lot / I / have / of / to).

[解答]　(1) She made a promise to help me.
　　　　(2) He is not a man to tell a lie.
　　　　(3) I have a lot of reports to write.

[解説]　(1)はmade a promiseという部分を組み立てられたかが勝負です。「約束を作る」→「約束をする」と考えます。
　　　　(3)は「べき」と訳すタイプのものです。

第 21 講ここまで

CHAPTER 38 雪が降ってる！——itの用法

1 通常の用法

itという語があります。これは前に出てきた名詞を指すために用いられます。そして「それ」と訳します。文の中で見ましょう。

Last night Tom gave me a book. It was an interesting essay.
（昨晩トムは私に本をくれた。それは面白いエッセイだった）

Bob released a CD last week, but his father didn't buy it.
（先週ボブはCDを発売したが、彼の父親はそれを買わなかった）

最初のitはa bookを指します。2番目のitはa CDを指します。

itは単に他のものを指しているだけであり、それ自体には中身がないとも考えられます。「中身のない、形だけの語」という考え方ができるのです。この考え方が、次に扱う「特別な用法」を理解するのに役立つことになります。

2 特別な用法

rainという語があります。これは「雨」という意味の名詞ですが、「雨が降る」という意味の動詞でもあります。英単語は、いくつかの品詞で用いられるものが多いということを第12章で学びましたが、このrainという語にもこのことがあてはまります。

さて、この語を用いて「昨日、雨が降った」という文を英訳してみましょう。rainに「雨が降る」という意味があるのなら、求められる文は次のように表現してよさそうな感じがします。

Rained yesterday.

ところが、これはゆるされない文です。なぜゆるされないかは、この「STEP3 英文の組み立ての規則を知ろう」の最初の章（第5章）で知った規則を思い出せばあきらかです。

英文の組み立てに関する特に大切な規則として、p.36で次のことを述べました。

> 文頭に名詞（主語）と動詞（述語）がある。

Rained yesterday. という文には主語がありません。この点が問題なのです。特別な場合（たとえば命令文）を除いて、英語では「主語なしの文」は

ゆるされません。

　よって、何かを主語として置かなくてはならないのですが、その主語は「形だけの主語」でなくてはなりません。なぜなら、意味のうえでは、rainedとyesterdayだけで、言いたい内容が満たされているからです。

　では「形だけの主語」として使われる語は何でしょうか。itです。itが「形だけのもの」であることは先ほど述べたばかりです。「昨日、雨が降った」を英訳すると、次のようになります。

🔊 65 - ②

It rained yesterday.（昨日、雨が降った）

　ちなみに、snowという語にも同じ用法が見られます。この語は「雪」という意味の名詞であるだけでなく、「雪が降る」という意味の動詞でもあります。そしてこの動詞もやはり、次のようにitを主語として用います。

🔊 65 - ③

It snowed this morning.（今朝、雪が降った）

　このように、itには「形だけの主語」としての用法もあるのです。

　itのこの用法が用いられるのは、雨や雪について述べる場合だけではありません。次のことをおぼえてください。

- 時間、日、曜日、天気、寒暖、明暗、音の状態、距離などを表すには、主語にitを用いて、第2文型で表現するのが基本となる。
- このitは訳さない。

　例を見ましょう。文中のit'sは、it isの縮約形です。p.48のリストにあります。

228

> 🔊 65-④
>
> **I**t is 5 o'clock. (5時です)
> **I**t is Monday today. (今日は月曜日です)
> **I**t was very fine yesterday. (昨日はとても良い天気だった)
> **I**t's hot. (暑い)
> **I**t's dark here. (ここは暗い)
> **I**t's noisy. (騒がしい)
> **I**t is five kilometers to the station. (駅までは5キロだ)

　先ほど見たIt rained yesterday.とIt snowed this morning.ではbe動詞が用いられていませんでしたが、上の文はすべてbe動詞が用いられていることに注意してください。ただ、It rained yesterday.もIt snowed this morning.も、進行形にすればもちろんbe動詞が現れることになります。p.226のイラストの文がそのパターンです。

３ 形式主語－真主語の構文で用いられるit

　次の2つの文を見てください。

That Meg has three cars is true.
　（メグが3台の車を持っているというのは本当だ）

To solve this problem is difficult.
　（この問題を解くことは難しい）

　それぞれ、p.189, 217で見た文です。ともに下線部が主語としてはたらいています。
　さて実は、英語は上のように長い主語の文を嫌います。そして、下線部のような長い主語は、後ろに移動させることができます。ただ、元の主語

第38章　雪が降ってる！──itの用法

229

の位置を空っぽにするわけにはいきません。形だけでもいいので、何かを主語として置かなくてはならないのです。何を置けばいいのでしょうか。

　やはり「形だけの言葉」である it です。先ほどの2文は、次のように書き換えることができます。

　　It is true that Meg has three cars.

　　It is difficult to solve this problem.

　この it は「形式主語」と呼ばれます。そして後ろに移動した主語は「真主語」と呼ばれます。このような文は「形式主語－真主語の構文」と呼ばれます。少し難しい言葉ですが、ぜひおぼえてください。

　形式主語－真主語の構文の例を他にも見ましょう。

It was certain that Lisa was innocent.
（リサが無罪だということは確実だった）

It is widely known that Meg is very beautiful.
（メグがとても美しいということは広く知られている）

It is impossible to open this box.
（この箱を開けることは不可能だ）

It was a mistake to trust you.
（君を信用したことは間違いだった）

　2番目の文は受動態です。

> 📝 **練習問題**

練習問題に入ります。並べ替え問題を解くことにより、特別な用法のitをマスターしましょう。

[問題] 次のカッコ内にある語を並べ替えて、文を作りましょう。なお、形を変えなくてはならない語が含まれている場合があります。

(1) 9時です。
    (9 / it's / o'clock).
(2) あまりにも寒いです。
    (cold / too / it's).
(3) 雨が降っている。
    (rain / is / it).
(4) この箱を持ち上げることは容易だ。
    (it / box / easy / this / to / lift / is).
(5) トムがハンサムだということは本当だ。
    (is / handsome / is / true / that / Tom / it).

[解答] (1) It's 9 o'clock.
      (2) It's too cold.
      (3) It is raining.
      (4) It is easy to lift this box.
      (5) It is true that Tom is handsome.

[解説] (3)は「降っている」なので、進行形にする必要があります。動詞のrainをing形のrainingにするのです。

第22講ここまで

| | | | 第23講スタート .... 予習 66 復習 67 例文朗読 68 ①〜④

CHAPTER 39 不規則変化動詞

1 過去形と過去分詞形

　動詞の形はこれまでに、原形、現在形、過去形、過去分詞形、ing形、to不定詞形の6つが出てきましたが、このうち、過去形と過去分詞形については特に注意が必要なので、この最後の章でまとめてじっくり扱います。

　過去形については、これまでに次のことを述べてきました。

- 原則は、動詞の語尾に-edが加わった形である（p.33参照）。
- 3つの「例外の規則」がある（p.42参照）。
- 原則通りでなく、「例外の規則」にもあてはまらないものもある。そのような動詞は「不規則変化動詞」と呼ばれる（p.51参照）。

過去分詞形については、次のことをp.97で述べました。

- 原則は、過去形と同じく、-edが加わった形である。
- 過去形と同じ3つの「例外の規則」があてはまる。
- 不規則変化動詞は、過去形のみならず過去分詞形も不規則な形となる。

　さて、不規則変化動詞に関しては、過去形と過去分詞形の関係が次の2つに分かれるのでした（p.98参照）。

> [A]　過去形と過去分詞形が、同じ形であるもの
> [B]　過去形と過去分詞形が、異なるもの

　だからこそ、「原形－過去形－過去分詞形」のセットでおぼえて、過去形と過去分詞形が同じかどうかを記憶する必要があるのでした（**p.98**参照）。
　さて、[A]も[B]も、さらに2つのタイプに分かれます。それぞれを見ていきましょう。

> **[A-1]**
> 　過去形と過去分詞形が同じであり、また、これらが原形とも同じ形であるもの（＝原形、過去形、過去分詞形のすべてが同じ形であるもの）

イメージ図で示します。

```
〈原形〉－〈過去形〉－〈過去分詞形〉
              └─────同じ─────┘
      └──────────同じ──────────┘
```

具体例は次のようなものです。

> **hit**〈原形〉－ **hit**〈過去形〉－ **hit**〈過去分詞形〉（たたく）

　この[A-1]の代表例を後に11語示しますが、このうち**beat**（たたく、負かす）だけは特殊です。この語は、次の2つの活用をもつからです。

> **beat**〈原形〉－ **beat**〈過去形〉－ **beat**〈過去分詞形〉
> **beat**〈原形〉－ **beat**〈過去形〉－ **beaten**〈過去分詞形〉

つまり、過去形と過去分詞形が異なる活用もあるのです。

[A]の2つ目のタイプは次のようなものです。

> [A-2]
>   過去形と過去分詞形は同じ形だが、これらが原形とは異なる形であるもの

イメージ図を示します。

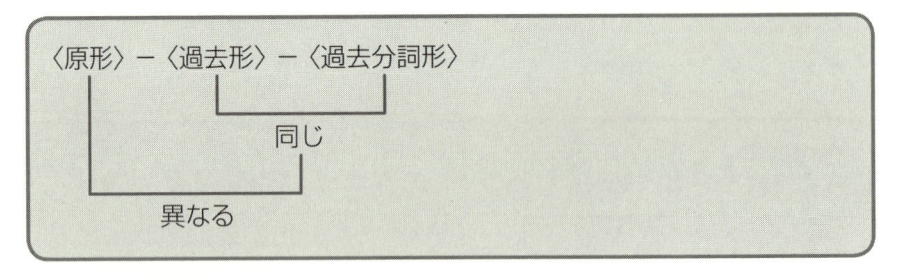

> 〈原形〉－〈過去形〉－〈過去分詞形〉
>   同じ
>   異なる

1つ具体例を示します。

> **build**〈原形〉－ **built**〈過去形〉－ **built**〈過去分詞形〉（建てる）

次に[B]（過去形と過去分詞形が異なるもの）に入りましょう。1つ目は次のようなものです。

> [B-1]
> 　過去形と過去分詞形は異なるのだが、過去分詞形が原形と同じ形であるもの。

イメージ図を示します。

> 〈原形〉－〈過去形〉－〈過去分詞形〉
> 　　　　　　異なる
> 　　　同じ

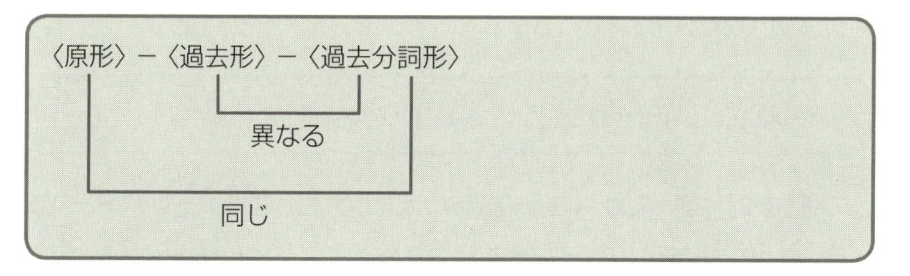

1つ例を示します。

> **come**〈原形〉－ **came**〈過去形〉－ **come**〈過去分詞形〉（来る、なる）

このパターンは、「過去分詞形になると、原形に戻るもの」と考えるとわかりやすいかもしれません。

［B］の2つ目は次のようなものです。

> [B-2]
> 　過去形と過去分詞形が異なり、また、これらの両方が原形と異なるもの（＝原形、過去形、過去分詞形のすべてが異なるもの）

イメージ図を示します。

```
〈原形〉-〈過去形〉-〈過去分詞形〉
         異なる    異なる
              異なる
```

具体例をあげます。

```
eat 〈原形〉- ate 〈過去形〉- eaten 〈過去分詞形〉(食べる)
```

この[B-2]はすべてが異なるので、おぼえる負担が最も大きいパターンだといえます。後に代表例を33個あげますが、このうちbiteとgetとshowの3つは注意が必要になります。次のように、2通りの活用をもつからです。

```
bite 〈原形〉- bit 〈過去形〉- bitten 〈過去分詞形〉
bite 〈原形〉- bit 〈過去形〉- bit 〈過去分詞形〉

get 〈原形〉- got 〈過去形〉- gotten 〈過去分詞形〉
get 〈原形〉- got 〈過去形〉- got 〈過去分詞形〉

show 〈原形〉- showed 〈過去形〉- shown 〈過去分詞形〉
show 〈原形〉- showed 〈過去形〉- showed 〈過去分詞形〉
```

つまり、過去形と過去分詞形が同じ形である活用もあるのです。

2 辞書における不規則変化動詞の表記

　英和辞典では、動詞が不規則変化動詞の場合は、その過去形と過去分詞形が記載されています。たとえば辞書でeatを引くと、まずは動というマークと発音・アクセントが載っていますが、次にateとeatenという、過去形と過去分詞形が記載されています。他の不規則変化動詞も同じです。

　よって、ある動詞が不規則変化動詞かどうかで迷った場合や、不規則変化動詞の過去形、過去分詞形を知りたい場合は、英和辞典を引けば、疑問が解決するのです。

3 不規則変化動詞のリスト

　それぞれの代表例を示します。左から順に、原形－過去形－過去分詞形です。このリストはこれから英語を学習する時に、常に利用するようにしてください。そして、覚えた単語にはチェック欄にチェックを入れていってください。チェックの数が増えていくのはとても嬉しいものです。

　このリストはネイティブが読み上げます(CDのトラックナンバー68に収録します)。これがあれば、寝ながらでも学習ができます。何度も何度もこの音声を聞いて、暗記してください。

　なお、[A-1]にあるreadだけは、原形と過去形、過去分詞形では音が異なります。原形は「リード」ですが、過去形と過去分詞形は「レッド」です。これについてはp.52で述べましたが、CDでも確認してください。

[A-1] 原形、過去形、過去分詞形のすべてが同じであるもの

- [ ] cost – cost – cost （負担させる）
- [ ] cut – cut – cut （切る）
- [ ] hit – hit – hit （たたく）
- [ ] hurt – hurt – hurt （傷つける）
- [ ] let – let – let （許可する、させてやる）
- [ ] put – put – put （置く）
- [ ] quit – quit – quit （やめる）
- [ ] read – read – read （読む）
- [ ] set – set – set （置く、する）
- [ ] shut – shut – shut （閉じる）
- [ ] beat – beat – beat （たたく、負かす）
- [ ] beat – beat – beaten （たたく、負かす）

[A-2] 過去形と過去分詞形が同じ形で、これらが原形と異なるもの

- [ ] bring – brought – brought （持ってくる、もたらす）
- [ ] build – built – built （建てる）
- [ ] buy – bought – bought （買う）
- [ ] catch – caught – caught （捕まえる）
- [ ] feed – fed – fed （えさを与える、供給する）
- [ ] feel – felt – felt （感じる）
- [ ] find – found – found （見つける、わかる、思う）
- [ ] have – had – had （持っている）
- [ ] hear – heard – heard （聞こえる）
- [ ] hold – held – held （持つ、続く）
- [ ] keep – kept – kept （保つ、しておく）

- [ ] lay − laid − laid　（横たえる）
- [ ] lead − led − led　（導く）
- [ ] leave − left − left　（立ち去る、残す、する）
- [ ] lend − lent − lent　（貸す）
- [ ] lose − lost − lost　（なくす、負ける）
- [ ] make − made − made　（作る、する）
- [ ] mean − meant − meant　（意味する）
- [ ] meet − met − met　（会う）
- [ ] pay − paid − paid　（払う）
- [ ] say − said − said　（言う）
- [ ] sell − sold − sold　（売る）
- [ ] send − sent − sent　（送る）
- [ ] shoot − shot − shot　（撃つ）
- [ ] shine − shone − shone　（輝く）
- [ ] sit − sat − sat　（座る、座らせる）
- [ ] sleep − slept − slept　（眠る）
- [ ] spend − spent − spent　（費やす）
- [ ] stand − stood − stood　（立つ、立たせる）
- [ ] teach − taught − taught　（教える）
- [ ] tell − told − told　（話す）
- [ ] think − thought − thought　（思う）
- [ ] understand − understood − understood　（理解する）
- [ ] win − won − won　（勝つ）

[B-1] 過去分詞形のみが、原形と同じ形であるもの

- [ ] become − became − become （なる）
- [ ] come − came − come （来る、なる）
- [ ] run − ran − run （走る、なる）

[B-2] 原形、過去形、過去分詞形のすべてが異なるもの

- [ ] begin − began − begun （始まる）
- [ ] break − broke − broken （壊す）
- [ ] choose − chose − chosen （選ぶ）
- [ ] do − did − done （する）
- [ ] draw − drew − drawn （描く、引く）
- [ ] drink − drank − drunk （飲む）
- [ ] drive − drove − driven （運転する）
- [ ] eat − ate − eaten （食べる）
- [ ] fall − fell − fallen （落ちる）
- [ ] fly − flew − flown （飛ぶ）
- [ ] forget − forgot − forgotten （忘れる）
- [ ] give − gave − given （与える）
- [ ] go − went − gone （行く、なる）
- [ ] grow − grew − grown （成長する、なる）
- [ ] hide − hid − hidden （隠れる）
- [ ] know − knew − known （知っている）
- [ ] lie − lay − lain （横たわる）
- [ ] ride − rode − ridden （乗る）
- [ ] rise − rose − risen （上がる）
- [ ] see − saw − seen （見える）

- ☐ shake － shook － shaken （振る、揺れる）
- ☐ sing － sang － sung （歌う）
- ☐ speak － spoke － spoken （しゃべる）
- ☐ steal － stole － stolen （盗む）
- ☐ swim － swam － swum （泳ぐ）
- ☐ take － took － taken （取る）
- ☐ tear － tore － torn （裂く）
- ☐ throw － threw － thrown （投げる）
- ☐ wear － wore － worn （着ている）
- ☐ write － wrote － written （書く）
- ☐ bite － bit － bitten （噛む）
- ☐ bite － bit － bit （ 〃 ）
- ☐ get － got － gotten （行く、着く、なる、得る）
- ☐ get － got － got （　　〃　　）
- ☐ show － showed － shown （示す）
- ☐ show － showed － showed （ 〃 ）

第39章 不規則変化動詞

STEP 4

これからの課題を知ろう

これで皆さんは、STEP2とSTEP3の合計39もの章を読み切りました。ここまでの内容を理解し、練習問題も確実に解けるようになったのであれば、英文法の「基礎の基礎」がかたまった状態にあるといえます。

　ただ、実はまだ習っていないことが他にもたくさんあります。たとえば、p.168の図のうち、「疑問文の否定文」は扱っていません。また、第35章から第37章で、to不定詞形の動詞からはじまるまとまりを扱いましたが、これに関しては、まだ扱っていない用法がいくつかあります。第34章で扱った動名詞にも、未習の用法があります。

　まったく扱っていない文法項目もあります。たとえば「完了形」「比較」「省略」「倒置」などといったものは、本書では扱いませんでした。

　さらに、文法用語も、本書に出てきたものの他にも知らなくてはならないものがありますし、いくつかの記号も学ばなくてはなりません。たとえば第1文型は「SV」、第3文型は「SVO」というように、文型を表す記号を知らなければ、辞書が使いこなせません。

　また、本書で扱った知識に、補足・修正を加えなくてはならないものがあります。たとえば、第2章で名詞、動詞、形容詞を、それぞれ次のようなものだと述べました（p.18～19参照）。

名　詞：主に物や人を表す言葉

動　詞：主に出来事を表す言葉

形容詞：主に状態や性質を表す言葉

　これらは、あくまでも意味からとらえているものです。英文を確実に理解するためには、たとえば形容詞なら、次のようなとらえ方をしなくてはなりません。

> 形容詞：補語や名詞修飾語になるもの

　よって今後は次のステップに進み、本格的な学習に取り組んでください。

　さて、この本には続きの物語があります。本書の「兄」または「姉」にあたるものとして、次の本が用意されているのです。

『一生モノの英文法 COMPLETE』
MP3 CD-ROM付き（ベレ出版）
澤井康佑：著
藤村由紀子：ナビゲーション

　上の本では、「起承転結」のストーリーの中で、ゆるぎない基礎英語力を身につけていきます。この「BASIC」を読み終えた皆さんは、上の本の「起承転結」のうち、「起」の多くをすでに学び終えている状態です。よって、「これは知ってる！」「これも頭に入ってる！」というように、自分の学力の高さを感じながら、喜びの感情とともに学習を進めることができるので、きっと「起」を読み通すことができます。そして「起」が読み通せたのなら、それよりもやさしい「承」「転」「結」は一気に読めます。上の『COMPLETE』でも、藤村アナが最後までナビゲートするので、必ず最後までたどりつくことができるでしょう。

そして『COMPLETE』を読み終われば、「起承転結」というクッキリとした構成をもった、「物語としての英文法」がきれいに頭に入った状態になります。

　本書を読み切った自信を元に、ぜひワクワクしながらこちらの本に挑戦してください。

　『COMPLETE』を読み切れば、中級への道が確実に開けてきます。中級者、そして上級者への仲間入りが夢ではない状態になるのです。今、その手前にまで来ています。つまり皆さんの未来は明るいということです。

　最後に改めてp.187の絵をいっしょに見ながら、この本を卒業しましょう。

澤井　康佑

第 23 講ここまで

▶ 付属の MP3 CD-ROM について

※ご注意ください！

付属のディスクは MP3 データ CD-ROM です。一般的な音声・音楽 CD（CD-DA）ではないので、MP3 未対応の CD プレイヤー等では再生できません。パソコンまたは MP3 対応のプレイヤーにて再生してください。

※ 2016 年 2 月現在の使用方法です。
※ パソコン環境等によって異なることがあります。
※ iPod 等の MP3 携帯プレイヤーへのファイル転送方法、パソコン、ソフトなどの操作方法については、メーカー等にお問い合わせいただくか、取扱説明書をご参照ください。

【再生方法】

① パソコンの CD/DVD ドライブにディスクを挿入してください。
② Windows Media Player・iTunes 等で再生できます。
＊複数のソフトの選択が表示される場合は、画面に再生ソフト一覧が表示されるので使用したいソフトの「再生します」を選択してください。
＊音声・音楽 CD を挿入したときのように、自動的にソフトが立ち上がらない場合があります。その際は手動で再生ソフトを立ち上げてください。

【iTunes に取り込む場合】

※ MP3 CD-ROM は音声・音楽 CD（CD－DA）と違うため iTunes で通常音楽 CD 等を取り込む際の「インポート」では取り込むことができません。そのため、取り込むための設定が必要となります。お手数ですが下記手順にて設定をお願いします。

① パソコンにディスクを挿入してください。
② Windows Media Player 等が自動で立ち上がっている場合は終了させます。
③ iTunes を立ち上げます。
④ iTunes のウインドウ左上にある四角のボタンをクリックするとメニューバーが出ます。その下のほうにある「設定」を選択します。
⑤ 「一般環境設定」のウインドウが開いたら、上部に並ぶメニュー一番右の「詳細」をクリック、「詳細環境設定」のウインドウになります。
⑥ その中の「ライブラリへの追加時にファイルを [iTunes Media] フォルダーにコピーする」のところにあるボックスにチェックを入れて、さらに下の「OK」をクリックすると設定は完了です。これで、MP3 CD-ROM を取り込んだ時の保存場所が設定されます。（ここにチェックが入っていないと、正常に取り込むことができません）
⑦ 次に iTunes 左上、ツールバーの「ファイル」をクリックします。
⑧ その中の「ファイルをライブラリに追加」を選びます。

著者紹介

澤井　康佑（さわい　こうすけ）
昭和47年神奈川県出身。慶應義塾大学文学部卒。元・東進ハイスクール講師。
著書に『よくわかる英語の基本 基本文型・文と文の結びつき』（開拓社）、
『一生モノの英文法』（講談社現代新書〈紙書籍版／電子書籍版〉）、『MP3
CD-ROM付き 一生モノの英文法 COMPLETE』（ベレ出版）がある。
URL: http://sawai-kohsuke.com/

ナビゲーター

藤村　由紀子（ふじむら　ゆきこ）・バイリンガルフリーアナウンサー
東京都生まれ。桜蔭高校、早稲田大学政経学部卒業。
宮城テレビ放送アナウンサーとして、ニュース、情報番組などを担当した後、フリーに。
ハリウッドでのインターン、通訳学校での訓練を経て、バイリンガル司会者としての
仕事をスタート。大統領や大臣などの通訳をはじめ、国際会議やイベントなどで日
英司会をつとめる他、様々な企業、大学などの日英ナレーションも担当している。
英検1級　TOEIC 955点
ブログ「バイリンガル MC Yuki の Blog」

◉ MP3 CD-ROM の内容
　○時間…3時間33分55秒
　○ナレーション：藤村由紀子／Howard Colefield

MP3 CD-ROM付き 基礎がため 一生モノの英文法 BASIC

2016年2月25日　初版発行

著者	澤井　康佑
カバーデザイン	竹内　雄二
本文イラスト	いげた　めぐみ
DTP	WAVE 清水　康広

©Kohsuke Sawai 2016. Printed in Japan

発行者	内田　真介
発行・発売	ベレ出版
	〒162-0832　東京都新宿区岩戸町12 レベッカビル
	TEL.03-5225-4790 FAX.03-5225-4795
	ホームページ　http://www.beret.co.jp/
	振替 00180-7-104058
印刷	モリモト印刷株式会社
製本	根本製本株式会社

落丁本・乱丁本は小社編集部あてにお送りください。送料小社負担にてお取り替えします。

本書の無断複写は著作権法上での例外を除き禁じられています。
購入者以外の第三者による本書のいかなる電子複製も一切認められておりません。

ISBN 978-4-86064-464-2 C2082　　　　編集担当　新谷友佳子